Yo en el mundo

La historia de una chica de Brasil, que salió a recorrer mundo, comiendo, rezando, amando y hablando, en busca de la felicidad. Tuvo una vida de cine, y descubrió que no es oro todo lo que reluce. Cruzó el océano para tratar de encontrarse. En el silencio encontró respuestas... pero como suele decirse, cuando tienes las respuestas, la vida suele plantear otras preguntas.

INGRID VIEIRA

YO EN EL MUNDO

Traducción: Beatriz Martínez Fernández

Ilustración, diseño de cubierta y maquetación: Nara Campos

Foto: Rafaela Rossignoli

ISBN: 978-65-00-01287-3

SOBRE LA AUTORA

Ingrid Vieira es *coach*, escritora, formadora y conferenciante, creadora de *"Me in the World"*, un proyecto de motivación y desarrollo personal con vídeos gratuitos en *YouTube*, talleres, experiencias y sesiones individuales de *coaching*.

Acompaña a las personas en sus procesos de autoconciencia y desarrollo de la identidad, para así encontrar el significado de la felicidad de cada uno.

En Brasil, fue gerente de marketing de la 20th Century Fox, directora de investigación en grandes agencias de publicidad, como DraftFCB y Cheil, analista de investigación del Ibope (Instituto Brasileño de Opinión Pública y Estadística), analista de marketing del grupo Associados Minas y de Sempre Editora. Fue directora de marketing de la start-up española Biwel y agente de viajes en Airbnb, en España. Fue actriz, payasa, figurante. Ha visitado 44 países, hasta el momento...

De Minas Gerais, brasileña, una eterna aprendiz del mundo, viviendo en Barcelona desde 2014 y cada día más enamorada de la vida.

Más información en: www.meintheworld.net

YO EN EL MUNDO

A mi amada madre Iolanda, que me enseñó a ser fuerte y a hacerlo todo con amor.

A mi amado padre Jorge, que me enseñó a ser humilde y me enseña a vivir la vida intensamente.

A mi amada abuela María José, que decía que yo podría ser feliz en cualquier lugar del mundo. Tenía razón.

¡Mi eterna gratitud!

YO EN EL MUNDO

NOTA DE LA AUTORA

Tenía 28 años cuando mi mejor amiga me introdujo al mundo de Come, reza, ama, el libro de la escritora Elizabeth Gilbert, que tuvo una gran influencia en mi vida.

En la contraportada decía: "No quiero estar casada" y, cuando miré a mi lado, ahí estaba mi entonces marido, que se parecía al actor Danny DeVito (en aquella época creía mucho en la belleza interior). A decir verdad, aquella relación casi no tenía ninguna belleza…

Corría el año 2008 en São José dos Campos, Brasil. En aquella época, tardaba una media de tres horas para llegar al trabajo (el trayecto incluía dos metros, dos trenes y un autobús), el tiempo suficiente para leer y escuchar mis pensamientos.

El libro Come, reza, ama me hizo mirarme a mí misma, oír mis sentimientos, conseguir que mis sueños se hicieran realidad. Entonces me divorcié; viajé sola durante trece días por Nueva York; me hice un tatuaje; empecé a practicar yoga; cambié de trabajo; viajé a Europa; me compré un piso; me despidieron; encontré el trabajo de mis sueños, que se volvió una pesadilla; dejé el trabajo; me mudé a Barcelona; cambié mi carrera profesional con nuevos horizontes; empecé a ser más útil para las personas, empecé a escuchar con mi corazón; descubrí que no importaba cuánta gente hubiera a mi alrededor ni dónde estuviese. Se trataba de mí en el mundo. Tenía un pensamiento recurrente sobre estar agradecida por la vida, por los amigos, por la familia, por la salud, por el amor. Empecé a buscar mi autenticidad, quién soy de verdad, mi mejor versión, ser mejor para mí, para los demás, para el Universo.

Empecé a amarme más.

Me compré un billete de avión a Tailandia, el silencio ya me andaba rondando hacía algún tiempo… y escuchándolo, me fui detrás de él, comiendo menos, rezando más y amando incondicionalmente...

Para escribir este libro, me he basado en recuerdos, especialmente en la parte sobre el retiro de silencio (ya que la recomendación era no escribir nada) y en consultas a algunas personas que estuvieron allí. Cambié algunos nombres, no todos, con intención de mantener el anonimato. Quizás los horarios de las actividades no sean exactamente los que describo, ni el orden de los días. Al final, lo importante es la experiencia como un todo.

El retiro en cuestión fue budista, al estilo vipassana. Con la meditación y la respiración como formas de entrenar y cultivar la mente, mejorar la concentración y la atención plena. No soy budista, no soy católica (iba a la iglesia, fui bautizada, hice la primera comunión, la confirmación, me casé por la Iglesia), no soy atea, no soy evangélica.

Soy solamente yo, parte de un todo.

Espero que Yo en el Mundo te ayude a ser cada día más tú, más auténtico/auténtica, más libre, más pleno/plena y más feliz. Pero no por ser un libro de autoayuda como muchos otros, no por ser un manual de instrucciones. Simplemente recoge mi historia de transformación porque creo que estamos en este mundo para evolucionar y ser la mejor versión de nosotros mismos - lo que incluye aceptar quién somos, aquí y ahora, con nuestras luces y nuestras sombras. Y, si yo puedo, ¡tú también puedes!

ÍNDICE

1. ¿DE DÓNDE VENGO?

1.1 ¿Hija de quién?

Hace muchos años que ya no vivo en Minas Gerais, desde el 2006 para ser más exacta, pero de alguna forma, Minas Gerais siempre vivirá en mí, fue donde nací y mi acento no engaña. Si hay algo que yo crea sobre el karma en esta vida, es que la única cosa que no podemos cambiar son las condiciones en que llegamos a este mundo - la ciudad donde nacemos, nuestros padres y ya está. Para todo el resto, somos cocreadores. Podemos escoger constantemente si queremos evolucionar o no. El resto es consecuencia de esa elección.

En Minas Gerais, decimos que el dilema del ser humano es saber de dónde venimos, dónde estamos y hacia dónde vamos.

Aunque esas preguntas estuvieran presentes, hasta los 33 años nunca me había parado a escucharme, a cuestionar la realidad que estaba viviendo y a preguntarme qué quería en la vida.

Mis recuerdos de infancia se mezclan un poco con las historias que he ido escuchando sobre mí. Dicen que cuando tenía cuatro años, en el primer día de clase, con todos los niños llorando, voy y le digo a uno: "Aquí se viene a estudiar, ¡no a llorar!". El niño se tragó el llanto. No me acuerdo de ese día ni de cómo me sentí, pero al contarlo, tengo la sensación de que mi personalidad ya se estaba manifestando (digo personalidad en el sentido de la máscara que nos colocamos para sobrevivir en sociedad y que esconde nuestra esencia).

Vengo de una familia de mujeres fuertes. Mi abuela, que era de Alagoas, hija de coronel, de repente se vio sola con tres hijos, dos pequeños y uno en la barriga, se remangó y no se rindió en ningún momento. Lo hizo lo mejor que pudo, con los recursos que tenía.

Cuando tenía ocho años, mis padres se separaron. Vivíamos en Betim, Minas Gerais, y menos de un año antes nos habíamos mudado a Maceió, la ciudad natal de mi madre, para empezar una nueva vida. Me acuerdo de una conversación con mi padre. Le pedí que viniera a mi cuarto y le recordé que la idea de mudarnos a otra ciudad era para que pasara más tiempo con nosotros, pero que en realidad eso no estaba sucediendo. Salió llorando. Una semana después fue mi cumpleaños. Al día siguiente, entré sola en un avión y volví a Minas Gerais, a la casa de mi abuela. Yo no lo sabía pero mis padres se estaban separando. Meses después, llegaron mi madre y mi hermano.

Mi madre, otra mujer fuerte, sacó fuerzas de la flaqueza.

Mi madre es una médica conocida en la ciudad y durante mucho tiempo me conocían como "la hija de la doctora". Me preocupaba el qué dirán y por eso me comportaba bien.

Una vez, a los 19 años, salía con un chico y fuimos a un hotel rural a unos 60 km de casa. La gente "no podía saber" que follábamos. ¿Qué pensarían? Estaba en la sauna y en medio del vapor, surge una voz: "Eres la hija de la Dra. Iolanda, ¿verdad?". Yo pensando que estaba "camuflada", que nadie sabría lo que estaba haciendo, o sea "viajar con mi novio y practicar sexo", respondí: "Sí, pero no me acuerdo de ti, ¿nos conocemos?". Y ella: "No, pero soy su paciente y tiene una foto tuya en la pared".

Llamé inmediatamente a mi madre con el corazón en la boca y con miedo de salir en los periódicos locales al día siguiente.

Creía que debía ser una buena persona y también una mujer fuerte.

1.2 Plástico dorado

Con el pensamiento de "Necesito comportarme, ¿qué pensaran los demás si no lo hago?", inconscientemente estaba buscando amor, cariño, afecto, reconocimiento.

Así, mis decisiones se basaban, de un u otro modo, en el espejo social, en aquello que los demás esperaban de mí (por lo menos en mi mapa mental así es como funcionaba).

De los 11 a los 16 años, fui payasa y actriz en un grupo de teatro. A los 17, cuando llegó el momento de decidir qué estudiar, ni siquiera consideré una carrera artística – "¿De qué iba a vivir?". Recuerdo a mi director quien, en aquella época, no tenía coche ni usaba tejanos; dentro de las limitaciones de mi cabeza, pensaba que no sabría vivir sin esas dos cosas. Hoy sé que eso tiene un nombre: libertad.

Sabía que quería trabajar con personas y de manera creativa. Durante la entrevista vocacional, descarté medicina porque no me gusta la sangre; descarté psicología porque pensaba que me aburriría escuchar a la gente (hoy soy coach, la vida da vueltas maravillosas) y escogí Comunicación, Publicidad para ser más exactos, pues aunaba creatividad + gente + glamour. Parecía perfecto.

En ningún momento me planteé trabajar por cuenta propia. No recuerdo que en la facultad nos hablaran de esa posibilidad. De acuerdo, estábamos en 1998 y muchas cosas han cambiado desde entonces.

Trabajé en un periódico, hice carrera en un grupo de comunicación -prácticas, asistente, analista. Quería trabajar con gente pero mi día a día consistía en analizar números detrás de un ordenador. Yo me describía como una analista que entendía las motivaciones de las personas.

A los 26 años, estaba conforme teniendo en cuenta lo que se esperaba de mí. Tenía un buen trabajo, un coche, un posgrado, un piso. ¿Qué me faltaba para ser feliz? Un marido. Había salido con cuatro chicos hasta entonces, siempre con la idea de casarme. Era el objetivo de mi vida. Mis amigas estaban casadas. Mi hermano estaba casado y tenía hijos. ¿Y yo?

Abro paréntesis. La historia de mi matrimonio merece un libro a parte. Voy a intentar resumirlo en algunas líneas. Después de salir juntos quince días, mi novio me pidió matrimonio. Él tenía dieciocho años más que yo y éramos amigos desde hacía cinco. Me sentí la mujer más feliz del mundo por haber sido escogida por alguien (autoestima, ¿¿¿hello???, ¿dónde andas?). Cinco meses después, hice lo siguiente: despedirme de la empresa donde llevaba trabajando seis años (falta de motivación profesional + motivación personal, esa fue la fórmula que apliqué); comprarme un piso; casarme por lo civil y mudarme a São José dos Campos, una ciudad a 600 km de donde vivía hasta entonces.

Un año más tarde, estaba cumpliendo mi sueño de entrar de blanco en la iglesia. Fue el día más feliz para mi abuela, ya que fui la primera nieta en casarse. Tenía metido en la cabeza que debía casarme. Del mismo modo que en la facultad no me hablaron de que podía trabajar como autónoma, en la vida personal, aun teniendo varios ejemplos de matrimonios infelices, incluso dentro de mi propia casa, no conseguía imaginar una vida feliz siendo soltera.

Al día siguiente de casarme, decidí que me iba a separar. Si hay algo que para mí es esencial es la buena naturaleza de las personas y la actitud de mi entonces marido para mí no tenía justificación posible. Seis meses después, me separé.

Mi álbum de boda llegó después del divorcio. El álbum que nadie vio…

Cierro paréntesis.

En lo profesional, mientras vivía en São José dos Campos, tuve mi primera experiencia como emprendedora: abrí una empresa de consultoría y prestaba servicios de asesoría a empresas de publicidad, así como para un canal de televisión, también di clases e hice anuncios de publicidad. Fue un año en el que aprendí muchísimo. Fue lo que se dice… una experiencia de todo menos fácil.

Y entonces sentí la llamada de São Paulo. Es una historia que me encanta contar: mi antiguo asistente en prácticas se convirtió mi jefe. Así es, el mundo da vueltas maravillosas. Roberto hacía sus prácticas cuando trabajé en TV Alterosa, en Belo Horizonte, en 2003. En 2007, me llamó para trabajar con él. Roberto se iba a trasladar a São Paulo para asumir la dirección de Investigación y Medios de una gran agencia. Según él, esta fue su lógica: "¿Quién mejor para trabajar conmigo que quien me enseñó?". Años después, fui testigo en su boda.

Después trabajé en otra agencia, fue una experiencia corta en un instituto de investigación y llegué al trabajo de mis sueños: directora de marketing en una gran distribuidora de películas.

Adoraba mi trabajo: ver películas con meses de antelación, definir los títulos, tratar con gente famosa, pensar en estrategias innovadoras, "never done before", para los lanzamientos. Los preestrenos formaban parte de mi rutina, podía ver las películas gratis y además llevar un acompañante. Viajé por primera vez (y única por el momento) en primera clase, tenía un buen sueldo.

No me gustaba el coste que todo eso suponía: mi sueño (dormía poco), mi salud (tomaba un medicamento para dormir, 10 gotitas de Rivotril, pero mi cabeza no paraba de dar vueltas a los 300 emails sin leer que tenía en la bandeja de entrada).

Eso sin mencionar la cantidad de veces que fui a trabajar llorando, con un nudo en el estómago (el omeprazol era como agua para mí, lo tomaba todos los días y creía que era lo más normal del mundo y, como mi madre es gastroenteróloga, me parecía un chollazo tener muestras gratis). Mi padre bromeaba conmigo y me decía que sería mejor comprar una furgoneta para vivir, aparcada en la empresa, pues el poco tiempo que pasaba en casa no justificaba tener una.

Una amiga me dio un consejo que aplicaba con frecuencia: conducir con una mano en el techo del coche. ¿Para qué? Para que cuando me quedase dormida de tanto sueño, la mano cayera en mi cara y me despertara para no tener un accidente. Creo que esto me salvó varias veces.

En mi primer día de trabajo, yo todavía no sabía cuál era mi e-mail pero aparentemente, en Los Ángeles y México ya lo tenían y ya había gente esperando mi respuesta sobre asuntos de los que no tenía ni idea. ¡Me pareció lo más, me creía importante!

Algunos emails decían que necesitaban la respuesta EOD. Yo no sabía qué significaba, así que lo busqué en Google – End of Day – al final del día. Pero, claro, el final del día en Los Ángeles no era el final del día en São Paulo. A veces mi día estaba terminando, alrededor de las ocho de la tarde y llegaba un e-mail EOD. Eran las dos de la tarde allí, así que en teoría tenía mucho tiempo para hacerlo. Y así me quedaba trabajando hasta medianoche, la una, las dos de la madrugada...

La vida es sabia y cuando no escuchamos lo que nos dice, ¿qué hace? aumenta el volumen.

Los emails que antes eran EOD pasaron a ser "*within the hour*", o sea, debían ser respondidos dentro de esa hora – si lo recibía a las 18:15h, la respuesta tenía que salir antes de las19h. Lo que pasa es que a veces estaba en una reunión, a veces estaba leyendo y solucionando los 299 emails que habían llegado antes, a veces estaba haciendo pipí. Solo sé que, a veces, a las 19:01h llegaba un email diciendo que todos los países habían respondido menos Brasil.

Me sentía la directora de marketing más incompetente del mundo – lo que me hacía sentir una profesional mediocre y a su vez una persona mediocre.

Por cierto, mi vida personal debería haber sido ideal, pero no. Durante el fin de semana, solo quería ver películas dobladas de las que ya sabía el final gracias a la televisión. No quería pensar en nada. Practicaba yoga unas dos veces por semana, lo que seguramente me salvó de volverme loca.

Un día fui a un *speed-dating*. Fue la manera más práctica que encontré para conocer a alguien, teniendo en cuenta el poco tiempo que tenía para mí. Pagué 80 reales, conocí a 19 hombres, hablé cuatro minutos con cada uno. Una experiencia antropológica. Detalles: llegué con retraso. Hablé con George, que trabajaba conmigo y le conté que necesitaba salir "antes", hacia las 20:30h; él me ayudó con los temas urgentes, pues yo necesitaba encargarme de algo muy importante: "mi vida personal".

Lo bueno de haber llegado tarde fue que me di cuenta de que había un canal de televisión grabando un programa con los participantes. ¿¿¿Perdón??? En ese momento, era la hija de la doctora y la directora de marketing y solo quería encontrar novio, no quería aparecer en un canal nacional como "mujer necesitada busca". Sin embargo, así es como me sentía.

Necesitada, vacía, triste. Vista desde fuera, mi vida tenía muy buena pinta, con un trabajo que miles de personas quisieran, estaba pagando mi segundo piso, tenía coche, viajaba...

Una vez vi una entrevista con el actor Ricardo Darín, que había rechazado hacer una película en Hollywood. Si un día me lo encuentro, me gustaría darle las gracias.

Reproduzco aquí la entrevista:

Ricardo Darín entrevistado por Alejandro Fantino en Animales Sueltos.

AF: ¿Es verdad que rechazaste una propuesta para filmar en Hollywood con Tarantino?

RD: Sí. Claro.

AF: ¿Por qué?

RD: Porque me ofrecieron el papel principal en el que tenía que interpretar a un traficante mexicano, y yo pregunté al productor por qué los mexicanos tenían que seguir haciendo de traficantes si los que más consumen a nivel global son los yanquis.

AF: ¿Y qué respondió?

RD: Bueno, su respuesta me molestó muchísimo. Me dijo: "Entonces es una cuestión de dinero, díganos cuánto quiere y se lo pagaremos, ponga un precio". O sea que no pueden llegar a ver ni comprender que tenemos valores más allá del dinero. ¿Entiendes?

AF: Mmm, la verdad es que no.

RD: ¿Cómo que no? Ale, eres un buen tipo, tienes que entender lo que estoy diciendo.

AF: Pero podías haber ganado más dinero.

RD: ¿Más dinero? ¿Ser millonario? ¿Y para qué?

AF: ¿Cómo que para qué? Para ser feliz.

RD: ¿Feliz con más dinero? ¿De qué estás hablando?

AF: Todos queremos tener más dinero y ser más felices.

RD: Ale, yo tengo dinero, tengo un coche elegante de importación. Desayuno, como y ceno lo que quiero y puedo darme dos duchas calientes al día. ¿Tienes idea de cuánta gente puede darse dos duchas calientes al día? Muy poca gente puede disfrutar de ese placer. Y como no me considero un excelente actor, siempre digo que para mí fue pura suerte, ¿comprendes? En este mundo capitalista salvaje soy un tipo con muchísima suerte. Soy un privilegiado entre millones de personas y además tengo la suerte de verlo así, de tener una cuenta bancaria que me permite creer en eso. Puedo verme desde fuera y decirme: ¡qué puta suerte tuviste!

AF: Pero si hubieras rodado en Hollywood, no

puedes negar que estarías a un paso del Oscar.

RD: Parece que no me estoy explicando bien. Ya estuve en una ceremonia de los Oscar y no me gustó, todo es plástico dorado, hasta las relaciones entre las personas. Estuve allí, pasé un buen rato, lo aproveché, pero ese no es mi mundo, no es lo que he escogido en esta vida.

AF: Realmente me asustas, Ricardo, pensaba que eras más realista, con los pies más en el suelo.

RD: ¡Fíjate qué casualidad! Pensaba lo mismo de ti.

Todo quedó mucho más claro cuando me pregunté el "para qué?". Una voz dentro de mí gritaba: "Si sigues con esta vida, no llegarás a los 35. Tu lápida rezará: aquí yace las más rica del cementerio".

No se trataba de ser más rica, no se trataba de ir a Hollywood. Se trataba de ser feliz. Estoy en este mundo para ser feliz. Ya no quería una vida de plástico dorado.

Estábamos a punto de lanzar la película La vida secreta de Walter Mitty y el eslogan de campaña era "Para de soñar. Empieza a vivir".

El Universo me hablaba de nuevo. Esta vez lo escuché.

1.3 *Me in the world*

En agosto de 2013, hice un viaje con dos amigas a Turquía. El último día, en un momento de los que llamo "de globalización", esta brasileña conoció en Estambul a un italiano que vive en Barcelona. Más tarde hablaremos de eso.

Después me fui sola a Grecia. Llegué un domingo y la ciudad estaba súper vacía. Iba a hacer un crucero por las islas durante la semana y pensé que no me apetecía quedarme sola en Atenas el siguiente fin de semana. Empecé a buscar excursiones y, así, decidí ir a Delfos y Meteora.

Como me encanta el cine, durante mis viajes siempre me gusta saber si se ha filmado alguna película en la ciudad y así buscar las localizaciones. Vi que en Delfos se había rodado Mi vida en ruinas, una comedia romántica en que la guía se enamora del conductor del autobús. Con esta información me dirigí hacia allá (y hasta le saqué una foto al conductor del autobús que me llevó; era muy mono).

Al llegar, no sabía que mi transformación estaba a punto de empezar. El oráculo de Delfos, que los griegos consideraban "el ombligo del mundo", era el lugar donde la gente iba en busca de orientación para tomar decisiones. La respuesta era básicamente siempre la misma: "Conócete a ti mismo".

¿Me corto el pelo? Conócete a ti mismo. ¿Sigo con esta relación? Conócete a ti mismo. ¿Me como un trozo más de pizza? Conócete a ti mismo.

Conócete a ti mismo.

Conócete a ti mismo.

Conócete a ti mismo.

Esa noche prácticamente no dormí. Estábamos a unos 35 grados y el hotel no tenía aire acondicionado. Al fondo, sonaba la música de una fiesta y en mi cabeza la frase que cambió mi vida: conócete a ti mismo.

Al día siguiente fui a visitar Meteora. Un lugar mágico con monasterios en lo alto de peñascos. ¡Allí arriba sentí una paz tan grande! Allí me di cuenta de que nunca me había preguntado qué era lo importante para mí, qué era lo que realmente quería en la vida, cuáles eran mis valores. Me di cuenta de que, fuera como fuese, yo quería aquella paz.

Un día más tarde, fui a Malta a visitar a una amiga. En un momento "Eureka", mientras ella cocinaba un risotto y sonaba la canción *Girl on Fire*, de Alicia Keys, dije: "No sé dónde ni haciendo qué, pero voy a vivir en Europa".

Tenía más de diez días de vacaciones y decidí que no quería pasar mi cumpleaños, en febrero, en Brasil. Y pensé: me voy a Barcelona (tachán, momento globalización)…Era una ciudad que ya conocía pero quería volver. Compré el billete en cuanto llegué a Brasil.

Para nada sabía que iba a seguir hablando con el italiano y que me llamaría en noviembre para invitarme a ir a Barcelona (y menos sabía él que yo pensaba ir de todos modos; el Universo me llamaba).

Pasé diez días en Barcelona y me enamoré. Pero de la ciudad. Si todo pasa por un motivo, digo que el italiano entró en mi vida para colocar Barcelona en mi radar.

Busqué un curso con el que me dieran un visado de un año. Pregunté en la escuela por alguna formación para ser más independiente profesionalmente. Ese día el *coaching* me encontró. "Gestión, Inteligencia emocional y *Coaching*" era el nombre del curso, primera edición, la chica ni siquiera sabía explicarme bien el contenido… Y dije que sí.

Poco podía imaginar que estaba empezando una historia de amor con la vida.

Una de las habilidades del *coaching* es la escucha activa, que empieza por el silencio, un gran desconocido para mí en aquella época. Pensaba que como vivía sola, estaba prácticamente todo el día en silencio. Pero no. Cuando tenía coche, siempre conducía con música. Llegaba a casa y encendía la televisión, tanto la de la sala como la de mi habitación. Me dormía con la televisión encendida desde que tengo uso de razón. Nunca estaba en silencio.

Y de un día para otro, decidí dejar de ver la tele. En ese momento, se acabó una relación que había durado años. El silencio y yo empezamos a pasar buenos momentos juntos.

Un día en casa de una amiga, recuerdo que era 02/02, le comenté que el número 2, 22, 222 estaba apareciendo mucho en mi vida últimamente. Busqué en Google y vi que esa secuencia numérica hace realidad los sueños imposibles, nos da la capacidad de llevar a cabo proyectos y nos brinda equilibrio entre lo material y lo espiritual. Mientras caminaba por la calle, el nombre *"Me in the World"* me hablaba a gritos. Y entendí mi propósito: seguir conociéndome a mí misma, aprendiendo a ser yo, e inspirar y motivar cada día a otras personas a hacer lo mismo, a tener una vida más auténtica, más libre, más plena y más feliz.

2. ¿DÓNDE ESTOY?

2.1 Cómo Tailandia entró en mi vida

Ya hace algún tiempo que permito que el mundo se me presente. Cuando tenía veintipocos años, mi sueño era conocer España, Francia e Italia, así que me fui para allá a estudiar español, francés e italiano como una forma de acercarme a ese sueño.

Siempre me ha encantado viajar y, para mí, es la mayor inversión que puede hacer una persona.

A los 31 años conocí esos tres países. Antes ya había visitado algunos otros y siempre que puedo aprovecho las oportunidades o las creo.

Un día, hablando con una amiga apareció un anuncio de una oferta de viaje a Asunción. Entre que ella quería hacer un viaje barato al extranjero y yo quería ir a algún lugar que aún no conocía, nos animamos a pasar unos días en Paraguay.

Otra amiga iba a hacer un viaje de un mes por Europa; yo ya estaba viviendo en Barcelona. Su último destino iba a ser Amsterdam. Y me fui a pasar con ella cinco días increíbles buscando localizaciones de la película Bajo la misma estrella y viviendo momentos divertidísimos.

Estos, entre otros, son lugares increíbles que tuve el placer y la alegría de conocer.

Un bonito domingo de marzo de 2015, ahí estaba yo en el metro de Barcelona. Hacía fresquito pero quería salir de casa. Decidí ir a caminar por la playa. Cojo el metro, la línea verde, en mallas, con unos pelos que no veas. Mientras escucho el mensaje de una amiga en *WhatsApp*, veo que hay un tío bueno, pero muy bueno, que me está mirando.

Iba cargado con una maleta y una mochila. Cruzamos miradas durante mucho rato. Se bajó en la estación Cataluña. Y seguíamos mirándonos…

Me giro y me río sola, y en eso que tengo la sensación de que vuelve a entrar por la otra puerta. Me dio vergüenza mirar y pensé: "Si ha vuelto, ¿qué hago yo ahora con esa información?".

Me bajé en la siguiente estación, Paseo de Gracia, para hacer transbordo hasta la Barceloneta. En el pasillo, que es gigante, siento que alguien me está siguiendo, es una sensación extraña. Tengo curiosidad pero, de nuevo, si me giro y es él, "¿Qué hago con esa información?".

Doy unos pasos más y oigo el ruido de algo pesado que cae al suelo. Al darme la vuelta, allí está él, que había tirado su maleta precisamente con esa intención.

Resumo cinco minutos de conversación: Juan, costarricense que vivía en Buenos Aires, trabaja como animador 3D y se estaba mudando a Bangkok, Tailandia. Iba a pasar unos días en Barcelona. Nos damos los teléfonos y quedamos en vernos al día siguiente.

Tenía un cliente de *coaching* por la mañana y la tarde libre. ¡Perfecto! Fue una tarde inolvidable, caminando por el barrio gótico, por la playa… Atención a la información que voy a dar ahora: el chico, guapo e interesante, a quien le echaba unos 28 ó 30 años, tenía 24. Once menos que yo. Y me permití tener una noche de pasión. Entonces le pregunto "¿Qué haces mañana?" y me responde: "Me voy a Bangkok. ¿Pero no ibas a pasar unos días aquí? Sí, ayer y hoy".

Pues vale. Hablamos alguna vez por *WhatsApp*, nos dimos algún "me gusta" en las redes sociales y nada más.

Paréntesis:

¿Te acuerdas del silencio a quien había conocido hace poco y estábamos pasando ratos geniales juntos? Pues resulta que él quería pasar cada vez más tiempo conmigo y yo cada vez más tiempo con él.

Así que pensé: "¿Y si hacemos un viaje juntos?". Podríamos conocernos mucho mejor.

Pensé en el Camino de Santiago, leí el libro El peregrino. (Diario de un mago), de Paulo Coelho. Pero el Camino no me llamó en ese momento.

Cierro paréntesis.

Tenía un coche en Brasil. Unas dos semanas antes de conocer a Juan, mi padre tuvo un accidente con mi coche. Estaban él y su esposa, que se magulló bastante con el impacto. Lloré dos horas de manera compulsiva pensando que podían haber muerto; que todo en la vida pasa en un segundo; hoy estamos, mañana no; ¿qué estoy haciendo con mi vida...?

El coche ya no está. Siniestro total. Con la indemnización del seguro me regalé un billete de avión para viajar a Tailandia en cuatro meses (Juan existió para colocar Tailandia en mi mapa).

Es gracioso porque yo había planificado que a los 35 años me iría a conocer la India, como en el libro Come, reza, ama. La India todavía no me llamó.

Tailandia sí, de un modo muy sutil y desde entonces estoy más atenta a las señales que me da el mundo.

2.2 No mires atrás

17 de agosto de 2015. Equipaje listo. Es la primera vez que viajo con mochila, una que me había prestado mi amiga Sonia, viajera, como ella misma se define. Ella ya había vivido varios meses en Asia. Ella también me dejó un mapa de Bangkok, que no entendí para nada.

Mientras preparaba la mochila, me acordé de la película *Alma salvaje* y de cuántas son las cosas innecesarias que cargamos en la vida. Al principio, la mochila contenía dos pareos, dos bambas, un vestido negro (porque alguna oportunidad habrá), pastillas de todo tipo. La mochila pesaba cada vez más así que saqué cosas y dejé solo lo esencial. Al igual que algo que leí años atrás, ese peso que cargamos es el peso de nuestros miedos. Y cuántas veces vamos por la vida cargando con un montón de cosas que hacen el camino más difícil, más pesado...

Decido enviarle un mensaje a Juan. Ya hacía algunos meses que no teníamos contacto y no quería que se sintiera en la obligación de quedar conmigo.

Le digo: "Hola, ¿qué tal?", y él responde: "¿Has visto lo que ha pasado?". No, no lo había visto. El peor ataque terrorista de toda la historia de Bangkok. Más de cien heridos, más de veinte muertos. Me viene una sensación rara, mezcla de miedo, tristeza, ansiedad. ¿Quién me manda ir allí?

Juan me pregunta dónde voy a dormir y resulta que era justo al lado de donde había sido el atentado. Según él, toda la zona estaba cerrada y no podría llegar. Solución: ir a dormir a su casa.

El viaje ya empezó sorprendiéndome.

Bangkok es una ciudad ruidosa que me recordó mucho a São Paulo. Viaductos, coches, fotos del rey por la ciudad (vale, São Paulo no tiene fotos de ningún rey), un mundo desconocido, a alta velocidad, y al mismo tiempo todo fluyendo en un orden caótico.

Me encanta viajar, y viajar significa salir de la zona de confort. ¿Qué quiere decir eso? Es dormir en otras camas; es ver otros baños, con duchas que no sabes cómo van, dónde está el agua caliente; es hablar otro idioma; es comer comida que no tienes ni idea de qué es, así que escoges por la foto; es conocer a otras personas; conocer otras culturas, otro mundo. Y salirse de la zona de confort a veces cansa, da pereza, da *jet lag*. Así de maravillosa es la vida. A menudo, pensamos que la vida se reduce a nuestro pequeño mundo, hasta donde alcanza la vista. ¡Pero no! Hay tantas otras cosas. Y así te das cuenta de que eres pequeño y de que tienes mucho que aprender. Y cuántas veces nos anclamos en el pasado, un pasado que ya no nos pertenece. Hay un dicho brasileño que dice así: "El pasado es una referencia, no una residencia".

¿Cómo puedes descubrir un mundo nuevo hoy mismo? ¡No tiene que ser viajando! Puedes descubrir un mundo nuevo durmiendo al otro lado de tu cama; pidiendo platos diferentes en el restaurante al que siempre vas; conversando con otras personas. Hay tanto que ver... Solo somos un granito de arena. ¡El mundo es grande!

Cogí un *tuk tuk* para visitar algunos templos. La conversación no fue muy clara con el "conductor" pero, por lo que entendí, entre un templo y otro, me llevaría a algunas tiendas y yo, para ayudarlo, tenía que quedarme por lo menos diez minutos en cada una. Serían seis templos. Y así fue, un templo, una tiendecita, un templo, una tiendecita, un templo, una tiendecita. Me compré una bata de seda, por unos 20 reales. Salí contenta y me fui al siguiente templo.

Cuando salí, no vi al chico del *tuk tuk*. O sea, estaba yo, no sé dónde del mapa, con cara de pocos amigos, buscando al tipo del *tuk tuk,* hasta que llegó otro chico en mototaxi y me dijo: "No va a volver, vete y sigue tu vida". Y yo: "¿¿¿¿Perdón?????? Y él seguía: "Puedes irte, no mires atrás".

Cuando las cosas no suceden como esperamos, hay decepción, no sabemos qué hacer y a menudo surge el apego. ¿Por qué me pasa esto a mí? ¿Qué va a pasar ahora? En ese momento creé la "teoría del *tuk tuk*": no mires atrás, sigue, escoge una dirección. No dejes que eso te fastidie el viaje, no dejes que eso interfiera en tu vida, en tus planes. Si no sucedió tal y como estaba previsto es porque lo que va a venir será mejor.

Y así es la vida.

Al día siguiente, fui a Ayutthaya, una ciudad a 80 km de Bangkok, que había sido capital de Tailandia. Un lugar más tranquilo, que es lo que mi cuerpo me estaba pidiendo. Una energía maravillosa, donde entré en contacto con la fe mientras visitaba aquellos templos en ruinas. Recordé que muuuchos años atrás, cuando vivía en Betim, frecuentaba la iglesia. El Padre Luis

Fernando me dijo, por cierto, que lo que él tenía por la Dra. Iolanda (mi madre, que es médica) sí que era fe. Tenía diabetes y siempre que iba a su consulta, sabía que iba a mejorar – lo creía a pies juntillas. Me pareció muy interesante que un cura usase un ejemplo mundano para explicar qué es la fe. Y ese pensamiento, ese concepto de fe me acompaña desde entonces. Al margen de la religión o las creencias, la fe es confiar, creer, es algo que nos mueve, que nos hace confiar en las personas y creer que mañana será otro día. Es una opción: tener o no tener. Confiar o no confiar. Tener fe o no tenerla. Para mí esto es indiscutible. Mañana será mejor que hoy. Es una fe ciega, es algo que siento y que veo suceder. Y cuánta más fe tengo en las personas, en las cosas, en la naturaleza, el mundo se hace más perfecto y se acerca más a lo que sería el paraíso. No tener que llegar allí, donde quiera que sea ese paraíso, para tener días felices. Tiene que ser aquí, todos los días, con fe.

A la vuelta estaba en el tren que usa la gente local, en plan muy barato, céntimos, algo antiguo, casi ningún turista. Estoy descubriendo cómo ser más viajera y menos turista, usando el transporte público, sin guía, sin excursiones. Es una de las mejores maneras.

Lo que pasa es que un viaje que tenía que durar dos horas, ya iba por tres. Empezó a llover torrencialmente, también dentro del tren. Toda la ciudad estaba paralizada, al igual que el tren. Quería avisar a Juan de que estaba de camino y que no sabía a qué hora llegaría, pero no tenía internet. Vi a una pareja con dos hijos hablando en algún idioma y les pregunté si hablaban inglés. El chico respondió que sí. Pregunté si tenían internet pues quería enviar un *Whatsapp*. Había visto a la mujer hablando por *Whatsapp*… pero meneó la cabeza negándose a mi petición. Seguí caminando por dentro del tren y vi a cuatro jóvenes tailandeses. Por medio de gestos, enseñando mi móvil, intenté que me "prestasen" internet, pero no tuve éxito.

Cuando volví a mi sitio, vi a una mujer tailandesa que parecía muy sencilla. Le enseñé mi móvil para que viera que el número con el que quería hablar era de allí. Ella no tenía un *smartphone*, no tenía internet. Me dejó su móvil para que hiciera la llamada. Se lo agradecí mil veces colocando las manos como hacen los orientales y diciendo *kop kun kap* (gracias en tailandés). Esto no tiene precio. Le di un chicle para mostrarle mi gratitud. Y mi fe en las personas no hizo más que aumentar.

2.3 La riqueza en los detalles

Al día siguiente, cogí un tren de Bangkok a Chiang Mai en un viaje de 15 horas. Bastante cómodo, por la noche vienen los trabajadores y transforman los bancos en camas.

En el tren conocí a una señora tailandesa, de unos 60 años, que aseguraba haber visitado 90 países. Yo, como tengo alma viajera, en seguida quise seguir tirando del hilo. Como ella tenía tanta experiencia en el mundo, le pregunté por qué Tailandia era considerada el "país de la sonrisa" y ella, como no podía ser de otro modo, sonrió y contestó: "Es que aquí tenemos de todo. La temperatura es agradable todo el año, nadie se muere de frío ni de calor. Nadie muere de hambre, hay plataneros en los caminos y gallinas por doquier, o sea que los plátanos y los huevos están garantizados. Además, la mayoría de la población es budista, una filosofía que nos enseña el desapego".

¡Una clase maestra de felicidad!

En Chiang Mai, me hospedé en un hotel que debe de ser uno de los más sencillos de mi vida, con una tarifa de menos de 15 reales y con la ducha prácticamente encima del inodoro. Al margen de esos detalles técnicos, ese hotel es el más lujoso en el que me he alojado jamás. Y mira que ya he dormido en muchos hoteles en mi vida –muchos de 5 estrellas. Este no tenía ninguna estrella, pero lo que tenía de valioso era el trato, el mimo. Me sentía escuchada, con cariño, con atención. Desde el primer momento en que llegué, la forma en que me entregaron la llave, la forma en que me observaban mientras decía qué quería hacer, cuando me preguntaban si tenía alguna alergia a la hora de comer. Todo eso me hizo sentir especial. Y eso no tiene nada que ver con la ubicación, con el tipo de sábanas, no tiene nada que ver con un plato suntuoso o con la comida cara –en realidad no tiene nada que ver con el dinero. Tiene que ver con "cómo te sientes". Una lección más. Esto es lo que nos llevamos de la vida: la experiencia, la sensación. Yo, por ejemplo, me alojé en un hotel de 5 estrellas en Beijing, y rompí un vaso sin querer. Me lo cobraron. En este hotel de Chiang Mai, el desayuno no estaba incluido e insistieron en dármelo gratis, con cariño, con mimo. Es donde está la riqueza: en los detalles.

Mi proceso de transformación para ser menos turista y más viajera es lento. Estoy aprendiendo mucho. En mi zona de confort, que era como solía viajar, mi tendencia hubiera sido visitar los centenares de templos de la ciudad, buscar el más famoso…pero esta vez quise pasear, dejar que la ciudad viniera a mí. Quise cuidarme.

Caminaba y si un templo me llamaba la atención, entraba, observaba el ritmo de los monjes por la calle, los locales…

Entré en una peluquería y me arriesgué a que me cortaran el pelo. Lo que iban a ser "tres deditos" en horizontal, solo las puntas, acabaron siendo "tres deditos" en vertical, pero ¡no pasa nada! Comunicarse con las personas del lugar es parte del viaje.

Me hice una limpieza de cutis, un masaje, probé comidas diferentes. Y pensar que durante mucho tiempo me llamaban "tiquismiquis". Cuando trabajaba en Brasil, cada vez que íbamos a comer, un amigo me decía: "Vamos tiquismiquis". Quería decir que era una "tiquismiquis" para comer: no comía verdura, no comía legumbres y ponía morros con muchos platos. Una vez me puse a llorar porque una cebolla se transformó casi en un árbol dentro de mi nevera y yo no sabía que eso podía pasar. No sabía reconocer una coliflor en el supermercado. Y desde el inicio de mi proceso de transformación, empecé a revisar algunos comportamientos que me limitaban, a probar cosas nuevas, a disfrutar de momentos con personas queridas. Ser una "tiquismiquis" que hace cambiar el ritmo el grupo… ¡esa versión de mí murió!

Claro que tengo preferencias, me gustan más unas cosas que otras, pero hoy puedo decir que como de todo. Todo lo que siento que me hace bien, todo lo que me pide el cuerpo... Estoy empezando a escuchar a mi cuerpo….

2.4 Tienes todos los recursos

Fui a Camboya, a visitar los templos de Angkor Wat, el mayor complejo religioso del mundo. Quedé impresionada con todo lo que vi, con tantos detalles, con la capacidad del ser humano. Tú y yo tenemos todos los recursos para hacer lo que queramos en la vida.

Tropecientos años atrás no había ordenadores, herramientas para medir, para subir piedras tan pesadas, pero lo hicieron.

A veces, creo que no voy a ser capaz de hacer algo. Cuando nos llega esa voz, tenemos que decir más alto: TENGO TODOS LOS RECURSOS. Voy a conseguir todo lo que quiero y todo lo que me proponga.

Y mi sensación es que, cuando esas elecciones están alineadas con el Universo, los caminos se van abriendo, van apareciendo personas para hacer ese camino más fácil, más divertido, más sencillo, más interesante, aunque en algún momento parezca difícil o complicado...

En 2012, en mi último trabajo en Brasil, lanzamos la película *"La vida de Pi"*, una obra para ver y rever.

Quizás no te guste la primera vez que la veas. Es una historia de fe. Como dice el protagonista en una escena "La fe es una casa con varias habitaciones". ¿Cómo contamos nuestra historia? ¿Somos protagonistas o actores de reparto? ¿En qué queremos creer? Eso es lo que marca la diferencia en nuestro camino...

Hace muchos años que me defino como una aprendiz del mundo. Creo firmemente en que todo lo que vivimos trae un mensaje, una lección, aunque no consigamos identificarla en un primer momento. La vida, en su infinita sabiduría, siempre nos permite escoger y una vez detrás de otra nos permite escoger cómo interpretamos aquello que nos pasa, de modo que podemos aceptarlo, sin resignación, y así tener el corazón en paz.

Esto forma parte del "aprender a ser yo", con sus luces y sus sombras. Como dice Elizabeth Gilbert, mi escritora favorita, "*You are allowed to be both a masterpiece and a work in progress, simultaneously*" = "Puedes ser una obra maestra y un trabajo en evolución al mismo tiempo."

Y hablando de luces…cuando vi la película La vida de Pi, me encantaron los efectos especiales. Hay una escena en la que aparece el plancton, unos bichitos que viven en el agua y brillan mucho. Decidí que quería nadar con plancton.

En Camboya, fui a una isla llamada Koh Rong e hice realidad mi sueño. Para ello, se coge un barquito que te lleva al medio del mar, de noche, y con las luces apagadas entras en el agua. Hasta ese momento, no me estaba gustando nada el plan. Estaba toda tensa, pensando que podía aparecer un tiburón y morderme la pierna. No vi nada.

Al día siguiente, cogí mi miedo y lo llevé conmigo.

Entré en el agua y empecé a mover los brazos hasta que, de repente, el mar parecía un cielo estrellado. Me emociono al recordar aquella sensación ahora.

También recuerdo las veces en que el miedo ha sido mi compañero de viaje. Cuando hice la selectividad o cuando participé en un proceso de selección con más de 400 personas para hacer prácticas en un canal de televisión. Miedo a no saber las respuestas, miedo a no aprobar, miedo a que me quisieran menos por eso. Cuando me separé, miedo a no saber amar y ser amada. Cuando me despidieron del trabajo, miedo a quedarme en el paro para siempre, miedo a que no se reconociera mi valor...

Cuando me despedí de un puesto, una de las directoras me preguntó: "No tienes miedo a no saber qué hacer?". En ese momento, mi miedo fue algo diferente y mi respuesta fue: "Tengo miedo de quedarme aquí, sabiendo que lo que deseo es marcharme". ¿Miedo a la desconocido? Claro que lo tengo. Pero cuanto más me conozco, una voz en mi interior me habla alto y claro: "Sigue a tu corazón y si tienes miedo, hazlo con miedo".

2.5 Permite que suceda lo inesperado

En 2014, hice un viaje a Croacia y encontré una botella de agua con frases inspiradoras de Paulo Coelho. Mira cómo el universo me estaba hablando de nuevo…Compré una que decía "Solo vas a entender completamente el milagro de la vida cuando permitas que suceda la inesperado".

Tengo la manía de querer controlarlo todo, de planificar, de organizar. Siempre digo que para fluir necesito tener una base estable. Pero durante los últimos años he aprendido, a veces de manera dolorosa, que lo único sobre lo que tengo control son mis pensamientos. Nada más.

Cuando vine a Barcelona, en mi plan, mi piso de São Paulo se alquilaría inmediatamente, y mis números para mantenerme aquí estarían súper controlados. Pero no fue así. El piso estuvo ocho meses sin alquilarse, el real se devaluó en relación con el euro. Un día estaba tan desesperada y tenía tanto frío que salí con un ventilador para vender y comprarme un radiador con el dinero que sacara. En mi cabeza, los números estaban claros, pero querían pagarme solo cuatro euros por él y no serviría de mucho. Lloré. Me tragué el orgullo y pedí ayuda a mis padres.

Cuando trabajaba en grandes empresas, mi vida era relativamente previsible: cada mes ingresaba dinero, tenía un bono al final del año y una paga extra. Al superar el año en la misma empresa, los ciclos también empezaban a ser previsibles: en determinadas épocas del año se trabajaba más, otras eran de planificación. Fueron más de 15 años así, girando siempre igual, como en un tiovivo.

De repente, sentí que esa vida ya no tenía sentido para mí (las cosas siempre pueden cambiar, estamos haciendo elecciones a cada segundo). Desde que vine a vivir a Barcelona, mi vida se parece mucho más a una montaña rusa. Con muchos altibajos y emociones extremas. Estoy aprendiendo a ser yo, a buscar mi equilibrio, a saber qué funciona para mí en este momento.

Y con esta nueva perspectiva, una de las mayores lecciones ha sido permitir que suceda lo inesperado, soltar, dejar fluir, aceptar el ritmo de las cosas y de las personas.

Yo pensaba que tenía el control… ¡qué ilusa!

De repente estoy descubriendo un lado mío que disfruta y juega y fluye con la magia de la vida… poco a poco.

En Camboya, volviendo de la isla en la que nadé con plancton, permanecí muchas horas en la capital, Phnom Penh, esperando para coger el autobús que me llevaría a Siem Reap. No tenía mucho que hacer así que salí a caminar para dejar que la ciudad viniera a mí, era viernes por la noche.

Fui a un mercado callejero – en lugar de mesas y banquitos, ponen alfombras y comen en el suelo. Paré en un restaurante al lado del río, era muy elegante y estaban haciendo un baile típico, así que pedí un capuchino y me quedé a ver el espectáculo. Me hice un masaje de una hora por menos de cinco euros. Y caminando por la ciudad, escuché una canción y pensé que era un karaoke, pues había gente cantando y bailando dentro de un local. No, no era un karaoke. Era una funeraria. Me quedé mirando y ellos me invitaron a participar de la fiesta o de lo que fuera que estaban celebrando. Así que allí estaba yo, permitiendo totalmente que sucediera lo inesperado: un viernes por la noche, una brasileña bailando en una funeraria en Camboya.

Mis amigos a veces me dicen que hay cosas que solo me pasan a mí…de algún modo creo que estoy más abierta.

Einstein tiene una frase que dice así: "Hay dos formas de ver la vida: una es creer que no existen los milagros. La otra es creer que todo es un milagro". Opto por la segunda.

En el aeropuerto de Siem Reap, estaba sentada haciendo tiempo y vi a un hombre que me miraba, era muy guapo. En seguida pensé que no podía ser…con esa ropa "y yo con estos pelos". En la cola para embarcar empezamos a hablar en inglés y a conocernos un poco más. Diego, cuarenta y pocos años, de Madrid (entonces empezamos a hablar en castellano). Él iba a hacer escala en Estambul, así que empecé a darle recomendaciones sobre la ciudad y le dije que una de las excursiones que más me había gustado era la del barco por el Bósforo. Le dije que lo que había marcado la diferencia ese día había sido el horario, pues cogimos el barco cuando todavía era de día, fue anocheciendo y vimos la puesta de sol. A la vuelta, la ciudad ya estaba iluminada, una vista preciosa.

Empecé a darme cuenta de cómo, cuando empezamos a ver luz en nuestra vida, nuestra perspectiva cambia, la situación cambia. De repente, un paseo en barco se vuelve mágico. Entrar en el mar de noche, mover los brazos y que aparezca un cielo estrellado. Mágico.

Le comenté que iba a hacer un retiro de 10 días de silencio. Él había acabado de hacer uno igual recientemente, en España. Su consejo fue: "No va a ser fácil, pero sé fuerte".

2.6 Diez días de silencio

Cuando compré el billete a Bangkok, no sabía muy bien qué iba a hacer allí viajando sola durante un mes. El silencio me llamaba más casa día y decidí buscar un retiro de silencio. Diego, a quien conocí en el aeropuerto, fue la primera persona que conocí que había hecho algo así.

Cuando empecé a buscar retiros en Tailandia, había de todo tipo: tres, siete, diez días. Algunos se parecían más a un spa, otros muy caros, otros en los que había que vestir de blanco.

Yo me preguntaba para qué quería ir a un retiro. La respuesta era clara: para encontrar mi yo más auténtico, para escucharme, para aprender a ser yo.

Hay quien dice que cuando rezamos, hablamos con Dios, con el Universo, el Cosmos, como se quiera llamar. Cuando estamos en silencio, es él quien habla con nosotros.

Después de hablar tanto en esta vida, yo, la persona más habladora que conozco, sentía que el silencio me gritaba aquí dentro. Quería ser escuchado.

Buscando un retiro para hace realidad ese

encuentro, descubrí el Wat Suan Mokkh, cerca de la ciudad de Surat Thani. Hay un retiro que empieza cada primero de mes y dura diez días. Diez días, Doscientas cuarenta horas. Ciento cuarenta y seis mil cuatrocientos minutos. Pensé que sería demasiado, que había meditado un máximo de cinco minutos en las clases de yoga.

Recuerdo haber leído que un retiro de tres días era poco, que en ese periodo el cuerpo aún se está acostumbrando a la nueva rutina. Diez días me parecía mucho, pero algo me decía que tenía que hacerlo a pesar de todo.

Empecé a comentar con algunos amigos que tenía la intención de hacer ese retiro. El comentario era casi unánime: "Creo que lo vas a conseguir, el problema lo tendrá la primera persona que encuentres cuando salgas".

Me lancé. Llegué dos días antes. Existe la posibilidad de dormir en el monasterio de al lado, gratuitamente, durante algunos días.

Conocí a Lina, una alemana de 23 años que estaba dando la vuelta al mundo. Escribía en un periódico de la ciudad donde vivía. Fuimos a un restaurante cerca del monasterio para conectarnos por última vez a internet, mandar los últimos e-mails, los últimos mensajes de *Whatsapp*, y entrar en las redes sociales. Sí, parecía un drama pensarlo, pero mi sensación era de inseguridad en aquel momento. ¿Sabes aquel dibujo de la pirámide de Maslow con las necesidades básicas?* (en la base empieza con las necesidades fisiológicas y va subiendo hacia la seguridad, necesidades sociales, estima y reconocimiento, y acaba en la autorrealización). Hace unos años la "actualizaron" para colocar internet como necesidad básica. Podría ser una broma, o no, pero mi sensación es que me iba a quedar literalmente sin suelo, sin base, desconectada del mundo. ¿Quién sería yo en esa nueva realidad?

Día 0 – Las reglas del juego

Al llegar al retiro, todo el mundo pasa por una entrevista para asegurar que estás bien, física y mentalmente. Yo venía de un año de cambios, había hecho un Máster en Inteligencia Emocional, había viajado sola en varias ocasiones, me sentía preparada para estar allí. Bueno, tampoco tan preparada.

Algo más de un año antes, había dejado mi trabajo para estudiar en otro país y averiguar qué quería en la vida. Para mí sería como un punto de inflexión. Ahora que sé de dónde vengo, dónde estoy y hacia dónde voy, tenía un montón de preguntas en la cabeza. Tenía miedo de que pasara algo mientras estuviera allí. Tenía miedo de que no me echaran de menos. Tenía miedo de lo que podía descubrir. Tenía miedo de no poder quedarme allí los diez días. Tenía miedo de no conseguir quedarme callada. Tenía miedo de lo que pudieran pensar los demás.

Y aun así, lo hice con miedo.

Según mis cálculos, éramos unas ochenta personas, mitad hombres y mitad mujeres.

Nos presentaron al equipo que nos acompañaría

durante aquellos días y justo después no hablaron de las reglas básicas del retiro:

1 – No matar a ningún ser vivo;

2 – No robar;

3 – Mantener el cuerpo y la mente libres de cualquier actividad sexual;

4 – No ofender por medio de la palabra (en este caso, no hablar en general);

5 – No tomar sustancias tóxicas (alcohol, drogas, tabaco, etc);

6 – No comer entre el mediodía y antes de amanecer;

7 – No bailar, cantar, jugar o escuchar música, ver series, usar adornos o acicalarse con perfumes o cosméticos;

8 – No dormir o sentarse en camas o sofás de lujo.

Según ellos, estos eran los requisitos para tener una vida normal, libre de cargas y sencilla.

Aquí ya empezaron mis dudas: ¿qué es una vida normal? ¿Licenciarse, casarse, tener un buen cargo? ¿Satisfacer las expectativas de los demás? Esa es la vida que ya viví y no estaba satisfecha con ella. ¿Qué es una vida normal para mí?

Tenía claro que quería sencillez. Unos años antes, había leído un libro de la periodista Leila Ferreira, El arte de ser leve, que habla, a través de sus historias recorriendo mundo, de la posibilidad de escoger seguir por la vida con "obesidad mórbida de espíritu", como si fuésemos un camión, súper cargados, o seguir en bicicleta, de forma menos estresante y complicada. Quiero una vida leve.

Sobre la simplicidad tenía mis dudas. ¿Qué era ser

sencilla? ¿Tener menos cosas materiales? ¿Tener menos "pajas" mentales? ¿Ser conformista?

Y me preguntaba: ¿Qué estoy haciendo aquí?"

Durante el retiro, podíamos apuntarnos voluntariamente para hacer tareas diarias. Me quedé mirando la lista para ver si alguna de las tareas llamaba mi atención, hasta que un hombre que trabajaba allí (creo que estaba estudiando para ser monje) se aproximó y me dijo "hasta ahora nadie se apuntó para limpiar los baños".

Así, la respuesta a la pregunta "¿Qué estoy haciendo aquí?" apareció bien nítida, como si fuera una voz en mi oído: "Para encontrar tu yo auténtico".

Haría lo que hiciera falta. Estaba allí para ser yo.

Deposité mi móvil y mi portátil en la recepción. Serían diez días totalmente desconectada del mundo exterior.

Había enviado los datos del retiro a mis padres y a dos buenas amigas, en caso de que sucediera algo y necesitaran contactar conmigo de manera urgente.

¿Y si pasaba algo?

Dos de mis amigas estaban embarazadas, ¿nacerían los bebés mientras estuviera allí dentro? ¿Sería la única en no enterarme?

¿Y si empieza la Tercera Guerra Mundial?

Fui hacia mi cuarto. El ala de las mujeres está separada de la de los hombres. El cuarto es individual y mi primera impresión fue que parecía una cárcel. Estaría allí presa de mis pensamientos, por voluntad propia.

La cama era de cemento, con una esterilla encima, una manta y una mosquitera. Una almohada de madera. Y yo.

Día 1 – Observa

4 de la madrugada. Suena la campana. Es hora de levantarse.

No he dormido bien. ¿Cómo se duerme boca abajo con una almohada de madera? ¿O de lado?

Dentro de mi mochila tenía un cojín cervical de viaje, de esos que hasta te dan un masaje. Me lo regaló mi amiga Lu hace años y me acompaña por el mundo.

Pero allí no tenía lugar, o eso pensé yo entonces. Lo escondí lo más escondido posible para no tener ningún contacto visual con él ni con nada que me recordase a las comodidades que había dejado atrás. No quería recordar que estaba en Tailandia y podía estar durmiendo en una cama mullida con una almohada ergonómica…Ser auténtica, para mí, significa ser coherente conmigo misma.

Está todo oscuro y enciendo la linterna para ir al baño. En Tailandia no hay papel higiénico, solo agua. Y allí estaba yo siendo auténtica, entre la linterna, el cubo y el inodoro, todo un malabarismo.

Volví al cuarto y recordé que tenía un paquete de toallitas húmedas en la mochila. También acabó en el mismo "escondite", junto con el cojín cervical de viaje.

Esto de ser auténtica no parece tan sencillo.

4:30h. Primera meditación del día. Los hombres a un lado. Las mujeres al otro. Cada uno con nuestro pequeño "kit" de esterilla y banquito de madera.

Escojo un lugar y me siento. Un monje se sienta frente a todos. Así se pasa la primera hora.

5:15h. Las mujeres van a hacer yoga. Los hombres, taichí.

La profesora hablaba, pero yo no la entendía bien debido a su acento. Era un yoga bastante diferente del que yo estaba acostumbrada a practicar.

7h - Meditación. Volví al mismo lugar donde me había sentado antes, dando cabezadas de sueño.

8h - Desayuno. La gente cogía un papel y se sentaba. Eso hice yo también. Una monja nos explicó que leeríamos aquel papel todos los días antes de cada comida.

Y fue entonces cuando salieron los primeros sonidos de mi boca, después de cuatro horas en pie (en seguida supe que saldrían sonidos de mi boca tres veces al día). No recuerdo el texto exactamente, pero en resumen era algo como "La comida solo existe para alimentarme y mantener vivo mi cuerpo".

Me quedé pensando en eso. Para mí, la comida es placer, socialización, descubrimiento (cuando viajo me encanta comer cosas diferentes). Sin embargo, durante esos diez días, la comida sería solo para mantener vivo mi cuerpo.

Tenía hambre. El desayuno era una sopa de arroz. Por mi naturaleza comunicativa, buscaba miradas cómplices que estuvieran de acuerdo conmigo en que aquello era un poco raro.

Había dos mesas grandes para los hombres y dos mesas grandes para las mujeres. De modo consciente, me senté mirando hacia los hombres y los miraba, a ver si había alguno guapo.

En aquel silencio, lo observaba todo, cómo la gente comía, qué caras ponían, contaba las personas.

Cada uno cogía su plato y su cuchara y los fregábamos. Cada uno era responsable de fregar sus cosas.

Justo después, me dispuse a hacer la tarea para la que me había inscrito: limpiar el baño. Vi en la lista que otra persona también se había inscrito. Allí estábamos las dos. Había nueve baños. Con gestos, nos pusimos de acuerdo en que un día una de nosotras limpiaría los inodoros y otra el suelo, y nos iríamos turnando.

En mi diálogo mental, la conversación fue algo así:

Yo: Hola, soy Ingrid, brasileña. Es genial que vayas a ayudarme en esta tarea. Mira, no tengo mucha práctica en esto. Si te soy sincera, tenía 34 años cuando limpié mi primer baño, cuando llegué a Barcelona. Pues sí, tuve una vida privilegiada. Siempre hay tiempo para aprender y mejorar. ¿Y tú?

Ella: Soy Evelyn. En Alemania la gente está más acostumbrada, así que lo haré a mi manera. Un día tú limpias los inodoros, y al día siguiente lo hago yo, así no nos aburrimos.

Yo: Vale, de acuerdo. Nos encontraremos aquí cada día, hacia esta hora.

10:00h – Meditación. Hay un papel con el horario de cada actividad, lo que ayuda a tener una noción del tiempo. La campana suena cada vez que es la hora de ir a otra actividad.

Eran las diez de la mañana y yo tenía hambre y sueño. Meditar significaba hacer un esfuerzo para mantenerme despierta con los ojos cerrados y rezar para que el estómago no hiciera un ruido demasiado alto. Un monje decía unas frases y después silencio...

11:00h – Meditación en movimiento. En otra ala, aprendíamos a caminar lentamente, observando la respiración y el fluir de nuestros pasos, uno tras otro, suavemente, observando como cada parte del pie entra en contacto con el suelo. Eran de tres a cinco minutos para cruzar de un lado a otro. Al parar, de un modo natural, el cuerpo volvía a un estado de tranquilidad. Sin hacer nada, solo estar. Es verdad, yo miraba el ritmo de los demás. Creo que conseguía "estar", pero más acelerada.

11:45h – Meditación sentada. Volvemos a la otra sala. ¿Será normal estar pensando en la comida? Miro a las chicas de al lado y sonrío simpática. En mi diálogo interior: "¿Hablamos? ¿Te está gustando esto? El desayuno me pareció medio raro. Tengo hambre. ¿Tú también?".

Cierro los ojos. Respiro. Abro los ojos. Por favor, ¡que toque la campana para ir a comer!

12:30h – Comida. Arroz, verduras y fruta de postre. Antes de comer, leer en voz alta: "La comida solo existe para alimentarme y mantener vivo mi cuerpo."

Observé que la gente se sentó más o menos en el mismo sitio que en el desayuno. Yo también. Creo que inconscientemente vamos buscando nuestra zona de confort.

Los cubiertos eran una cuchara típica de Tailandia y un plato tipo bol. Allí parecía que lo que sabía no contaba mucho. Todo era nuevo, de nuevo. Comer con cuchara, por ejemplo. ¿Y la lechuga? Fresquita, crujiente, pues con la mano mismo.

Después fui al cuarto a descansar un poco. Las reglas dicen que no podemos dormir ni hacer ejercicio en los espacios exteriores.

14:30h – Meditación.

Llevaba diez horas despierta. ¡Vaya día tan largo!

Para cada sesión de meditación venía un monje distinto. Ahora estaba allí Paul, el que me entrevistó. Es monje pero no usa ropa de monje, pero no sé por qué. Debe de tener unos 50 y pocos años. Tiene la misma expresión todo el tiempo, creo que no hay nada que consiga descentrarlo.

Durante la entrevista, me preguntó a qué me dedicada y le dije que era *coach*, que estaba en un proceso de cambio en mi vida. Sentí complicidad en su mirada. Creo que él también pasó por un gran proceso de cambio.

Me dijo que tenía una gran oportunidad con aquel retiro de silencio y que si absorbía los conocimientos, sería una gran persona y una gran *coach*. Podría ayudar a mucha gente. Se me llenaron los ojos de lágrimas. En aquel momento, en lugar de pensar: "¿Qué estoy haciendo aquí?", sus palabras me dijeron: "Vas por el buen camino".

Nos puso una grabación de Ajahn Buddhadasa, el fundador del retiro. La grabación se había hecho muchos años atrás y cada día íbamos a escuchar un poco. Y a aprender un poco.

Las leyes de la naturaleza, que surge, persiste y termina… surge, persiste y termina… en un ciclo…

Surge, persiste y termina…

Todo en el Universo es así, nace, cambia, se transforma y desaparece... por lo menos del modo en que lo conocemos...

Entender ese "baile" hace que vivamos sin sufrimiento, o Dukkha, como dicen aquí en pali.

Dicho así, en una frase, hasta parece fácil...

15:30h – Meditación en movimiento.

Es interesante observar que nuestro estado natural es de tranquilidad. Y que cuando nos ponemos en movimiento, es interesante observar que los pasos fluyen. Toda la naturaleza está a nuestro favor.

Sin hacer nada, el corazón, que late a más velocidad mientras camino, poco a poco se va tranquilizando cuando paro. Sin esfuerzo.

16:15h – Vuelvo a la meditación sentada. Con el cuerpo inquieto, abro los ojos para ver si todo el mundo está meditando de verdad. Unos sí. Otros están observando, como yo.

17:00h – Momento de cánticos. Tercer momento del día en que sale sonido de mi boca. Entonamos cánticos en pali y en inglés. Me cuesta seguir a los demás, mi falta de ritmo no entiende de idioma ni de lugar.

18:00h – Hora del té. Ya tenía hambre y hasta un poco de dolor de cabeza. Solo el té no me va a servir. ¡Suerte que se puede repetir!

Hacía calor, pero nada insoportable. Una ducha sería bienvenida después de un día tan largo.

Me acordé de mi abuela, que vivió sola mucho tiempo, cuando ya era viejita. A veces, iba a su casa y le preguntaba qué había hecho y parecía que la ducha era el auge del día. "Comí, leí un poco y me duché".

Me contaba que a menudo se quedaba en silencio, tampoco tenía nadie con quien hablar. No pasaba ni una mosca.

En mi caso, había muchos mosquitos, pero tampoco yo podía hablar con ellos.

Fui a prepararme para el baño, física y mentalmente. Preparar significaba colocarme el pareo alrededor del cuerpo (teníamos que usar un *sarong*, así que me pareció más práctico usar mi pareo para la playa). No podíamos quedarnos desnudas delante de las otras chicas.

Había unos tanques de agua que se usaban con un pequeño balde. Observé a las otras chicas y me dispuse a desarrollar mi propia técnica.

Primero, no me gusta ducharme con agua fría. En este caso, mi estrategia era pensar: "Qué bien que no está tan fría, qué bien que aquí hace calor". Ok, el pensamiento más alto gritaba: "Me encanta ducharme con agua calentita". Mi mente estaba a un lado enfrentando la realidad con mi interpretación de la realidad y con mis deseos. Además de eso estaba la parte logística del tema. ¿Cómo me lavo el pelo con este balde? ¿Y cómo me lavo las "partes" sin que nadie las vea? Alguien las va a ver. Va a aparecer una monja y me va a echar la bronca...

20:00h – Meditación en movimiento. Ya era de noche y teníamos que salir con una vela, o una linterna, quien la tuviera. Caminábamos lentamente, en fila, a oscuras, alrededor del lago. Me pareció raro todo aquello. Yo qué sé, parecíamos zombis o una secta.

20:30h – Meditación en grupo. Estaba que me caía de sueño. Me dio miedo dormirme si cerraba los ojos. Decidí concentrarme en la vela que tenía en frente y de repente, toca la campana. El tiempo voló.

21:00h – Hora de lavarse los dientes e ir a la cama. Me dolía la cabeza. Me dolía el cuerpo. Me tomé una pastilla.

21:30h – Luces apagadas.

Día 2 – El conocimiento aleja el miedo

Parecía que acababa de cerrar los ojos y sonó la campana.

En este retiro, nos pedían que usáramos prendas de ropa que nos cubrieran las rodillas y los hombros. Tenía tres pantalones –unos que me había llevado y dos que compré por unos 6 reales cada una durante el viaje– y tres camisas.

Era fácil escoger lo que iba a usar. Me cuesta combinarme la ropa, no me considero creativa en este tema. La moda nunca me ha llamado la atención.

Cuando trabajaba en empresas, recuerdo mi inseguridad diaria para ir bien vestida. Allí, mi ropa se parecía más a un pijama, pero estaba todo bien.

Por la mañana, cuando volví del desayuno (léase sopa de arroz), estaba en mi cuarto cuando de repente Lina golpea la puerta, presa del pánico, llorando e intentando explicarme algo a través del lenguaje de signos.

Me coge del brazo, me lleva hasta su cuarto y me muestra una araña. Grande. Les tengo miedo, nunca había matado una araña. Calma, aquí no se puede matar nada, ni siquiera una araña. ¿Qué quiere que haga?

De repente, con una tranquilidad que no sé de dónde vino, recordé las instrucciones que nos dieron el primer día cuando nos explicaban las reglas.

En mi diálogo interno le dije a Lina: "Tranquila, todo va a ir bien, yo me encargo". Salí, busqué un cuenco y un papel y cogí la araña como nos habían enseñado. La devolví a la naturaleza como si fuera algo que hacía todos los días de mi vida.

Me lo agradeció, mientras seguía llorando. Me sentí todopoderosa, la persona con más autocontrol de la historia.

Pero el Universo es muy graciosito.

Después de pasar el día meditando (o sea intentando callar mi mente, el parloteo constante dentro de mi cabeza), acostumbrándome a la rutina, tratando de no pensar en cuánto me dolía el cuerpo (esto de dormir en una cama de cemento y estar todo el día sentada pensaba que iba a ser más fácil), llego a las 21h a mi cuarto.

Me estoy cambiando de ropa para ir a dormir y de repente veo un lagarto enorme en la pared. ¡Parálisis! Gigante. Mi corazón se acelera, me entran ganas de llorar, quiero gritar. Miedo. Me arrepiento de estar allí. Todo junto y mezclado.

Mi primer instinto fue llamar a alguien para que me ayudara (¿dónde quedó la todopoderosa, la persona con más autocontrol de la historia?).

Recordé que, antes de decidir venir aquí, busqué en internet las experiencias de otros que ya habían hecho este tipo de retiros. Uno de ellos contaba que un día había un lagarto en su cuarto y llamó a un monje. El monje se limitó a decir: "Él estaba ahí antes que tú". Fin.

No quería oír esa respuesta. No quería tener miedo.

Y de repente me vino un recuerdo a la cabeza. Toma asiento que empieza la historia…

Retrocedemos hasta 2004. Vivía sola en Belo Horizonte. Tenía un novio y estábamos durmiendo juntos. Era medianoche y él me dijo que debía irse. Tenía la llave de mi casa.

Seguí durmiendo y de repente sentí que había alguien a mi lado. Miré el reloj y vi que era la una y media de la madrugada. Pensé que quizás él había vuelto, pero no. Quien estaba a mi lado era un hombre alto, muy parecido a su padre, que por aquel entonces estaba muy enfermo e ingresado en un hospital.

Di un grito, empecé a llorar, me escondí debajo de las sábanas. Cuando tuve el valor de abrir los ojos, el hombre ya no estaba.

Pasé los días siguientes con miedo. Incluso con miedo de dormir. Intentaba mantenerme despierta hasta que mis ojos no aguantaban más. Unos días después vi a una mujer rubia. Grité y lloré hasta que se fue. Otro día fue una señora con un camisón blanco. Se me salía el corazón por la boca del miedo. Pensaba que me estaba volviendo loca. Otra noche escuché a alguien hablando conmigo, como si estuviese en otra parte de la casa: "Buenas noches, Ingrid".

Yo digo que hay una versión mía, debe de ser mi alter ego o algo así, a la que llamo "la loca de la pradera", y que aparece cuando hago cosas que se salen de mi patrón de comportamiento, que serían consideradas cosas de locos. Pues bien, esa noche "la loca de la pradera" empezó a correr por la casa llorando y gritando: "¿Quién está ahí? ¡Déjame en paz!".

A estas alturas, era una mujer–ojera, prácticamente no dormía, era mi estrategia para no tener que ver a esa gente. Me sentía fatal, pensaba que estaba loca. No se lo conté a nadie.

Hasta que fue el cumpleaños del hermano de una amiga. Ella me vio con aquella cara y me preguntó qué estaba pasando. Empecé a llorar en medio de la fiesta y me llevó a una habitación. Le conté la historia y me dijo que, si yo quería, me podía ayudar. Le dije que estaba dispuesta a hacer cualquier cosa, solo quería volver a dormir y estar en paz.

Me llevó a un centro espiritista. Nunca había ido a ninguno. Allí hablé con un señor y, con lágrimas en los ojos, le conté lo que estaba pasando.

Me dijo que era bonito, que yo tenía un don, hasta me dijo que era poco habitual ver y oír (en este caso a las personas muertas, como en la película "El sexto sentido"), que por lo general la gente solo conseguía una cosa u otra.

Tomó mi mano y tuvimos la siguiente conversación:

Él: ¿Para qué sirve tu mano?

Yo: Para coger, para tocar, para acariciar, para pegar, para ayudar...

Él: (Mientras me cerraba la mano) Y si la cierro, la corto, ¿qué sucede?

Yo: Dejaría de hacer todo lo que he dicho.

Él: Así es tu don. Si lo "cortas", tú y las otras personas dejaréis de beneficiaros de él y de lo que puede proporcionar.

Yo: Pero no quiero ver gente muerta, no quiero escucharlos. No quiero pensar que estoy loca. Quiero dormir tranquila. ¿Qué debo hacer?

Él: Se trata de una elección personal. Las personas que llegan a ti, no saben que están muertas. Para ayudarlas, solo necesitas informarte, leer sobre el tema. Voy a recomendarte algunos libros. El conocimiento aleja el miedo.

Así lo hice y nunca más vi ni oí a ningún muerto.

¿Por qué estoy contando esta historia? Primero, porque es algo que me pasó, no tienes motivo alguno para creerla y yo, motivo alguno para inventarla. Segundo, porque este recuerdo me vino en un segundo, allí en el retiro, durante mi encuentro con el lagarto.

Mientras estaba paralizada de miedo, me viene esa historia a la cabeza y la frase "El conocimiento aleja el miedo" aparece alto y claro.

Respiro hondo e inicio un diálogo mental con él, con el lagarto, para conocernos mejor:

Yo: Hola, ¿qué tal? Soy Ingrid y estoy en este retiro, pero aun no sé muy bien qué estoy haciendo aquí. En este mismo instante, resulta que me lo estoy cuestionando bastante. ¿Y tú?

Él: Hola, me llamo Oliver (me pareció tan grande como un cocodrilo –vale, un mini cocodrilo– cocodrilo en inglés es "*aligator*" y si lo lees en plan "oligueitor" pensé que Oliver era el nombre perfecto… el poder creativo de la mente es increíble).

Yo: Es un placer, Oliver. Mira, pasa lo siguiente, imagino que frecuentas este lugar hace más tiempo que yo. Solo quiero pedirte, por favor, que mantengamos una distancia de seguridad para quedarme más tranquila. Tú te quedas ahí en la pared, donde pueda verte, pero lejos de mi cama. ¿De acuerdo?

Él: Ok, estaré por aquí estos días.

Por si la comunicación entre la "loca de la pradera" y Oliver no había sido del todo efectiva, metí la mosquitera debajo de la esterilla de la cama, de modo que fuese más complicado que entrase por ahí cualquier ser vivo.

Estaba agotada física y mentalmente.

A las 21:30h se apagaron las luces y me dormí en seguida.

Día 3 – La vida es bella

Me costó despertarme. Parecía que me dolía más el cuerpo. Confieso que tenía que agarrarme la mano para no coger el cojín cervical de viaje cada vez que veía aquella almohada de madera.

Durante el desayuno (efectivamente, era sopa de arroz todos los días), la monja nos transmitió dos mensajes.

El primero fue que algunas personas habían abandonado el retiro. De modo que sus tareas habían quedado vacantes y estaban marcadas con un asterisco para buscar un sustituto.

El segundo fue que ella estaba observando que había mucha gente que parecía no entender el concepto del retiro. Por ejemplo, durante la comida, las mujeres se quedan mirando a los hombres (creo que fue una indirecta para mí), los hombres también miran a las mujeres, se busca interacción, aunque sea de modo inconsciente, con los demás como, por ejemplo, cediendo el lugar en una cola.

El propósito de estar allí era mirar hacia dentro.

La charla de la monja me afectó. En varios sentidos.

Ese día parece que estaba más sensible, con todo el

cuerpo dolorido. Fui a echar un vistazo a la lista de tareas y me di cuenta de que ocho mujeres habían dejado el retiro. Una de ellas era Lina.

Empecé a cuestionarme si sería capaz de quedarme hasta el final.

Decidí apuntarme a otra tarea. Además de limpiar el baño, ahora también limpiaría las mesas después de la comida.

Mi estrategia fue la siguiente: necesito ocupar mi cabeza.

Y el día que había empezado siendo complicado, de repente se fue haciendo más interesante.

Empecé a darme cuenta de que me estaba sintiendo casi como una "víctima" de las circunstancias, quejándome mentalmente de la cama dura, "resucitando" exnovios y pensando que debería haber cortado con todos ellos antes, cagándome en exjefes por no haberme valorado.

Empecé a observar mis pensamientos. Como si fuese un juego.

Recordé la película La vida es bella. Independientemente de las circunstancias, lo que define aquello que estás viviendo no es la situación sino lo que piensas sobre ella.

Estaba en un retiro por voluntad propia, por lo tanto estar allí era mi responsabilidad. Si quería, podía marcharme. Yo había escogido estar con mis exnovios. Yo había elegido mis trabajos.

De repente, me di cuenta de que no era una víctima, era responsable de todo lo que estaba viviendo.

Me sentí incómoda al principio. Sentía ganas de compartir lo que estaba sintiendo. Durante el día se fueron calmando los pensamientos.

Como me gusta el cine, siempre que puedo busco

paralelismos. De repente, estaba en El show de Truman. Había un director allí arriba que tenía una idea con los personajes y con las localizaciones. La vida era una película, en directo, sin ensayos. Lo único es que ahora yo era la protagonista y podía escoger mis pensamientos, mis palabras (en este caso, escogía estar sin hablar), mis acciones.

A la hora de comer, decidí sentarme girada hacia el otro lado. Mi vista ahora eran los árboles. De vez en cuando, un mono saltaba de un árbol a otro.

Dicen que nuestra mente es así, como un mono medio loco, que va saltando de rama en rama, buscando una para agarrarse, en este caso agarrarse a un pensamiento.

Observé que otras tres mujeres y yo nos sentábamos más o menos juntas en las meditaciones y en el comedor: una rubia de ojos claros, una rubia de ojos castaños, una morena con el pelo corto y ojos claros, y yo. Cada una a su manera. Cada una con su belleza, con sus pequeños rituales para comer, para colocar la alfombra a la hora de meditar.

Cada persona es un Universo.

En mi diálogo interior, empecé a llamarnos "Las cuatro fantásticas" –nunca vi la película, pero para mí éramos como cuatro personas con "superpoderes", en este caso ser nosotras mismas, y que nos apoyaríamos allí, en el silencio, sin decir nada.

Y me di cuenta de cuán importante es tener esta "red de apoyo" en la vida. Esa sensación de saber que puedes contar con las personas, que están ahí para ayudarte.

Antes de iniciar este viaje, pensé: "Necesito enviarle a alguien mi ruta, el contacto del retiro, por si pasa algo y necesito que me localicen". Esa red de apoyo puede cambiar a lo largo del tiempo, con las situaciones. En ese momento, mi madre, mi padre, mi amiga Lu y mi amiga Andréa eran mi red de apoyo.

Allí, en el retiro budista, por lo menos en mi cabeza, mi red eran "las cuatro fantásticas"; fuera, mi madre, mi padre, mis amigas Lu y Andréa eran mi apoyo físico y emocional. Si caigo, ellos están ahí.

Soy muy privilegiada por tener siempre esa red de apoyo, que va variando según las situaciones. Es la sensación de que por más sola que me sienta, nunca estaré sola. El Universo me apoyará de alguna manera.

Por la noche, decidí ir a conocer unas termas naturales que habían mencionado el primer día. Para el camino, debía ponerme el pareo encima de los hombros. Parecía un lugar mágico. Para mí, eran como ninfas nadando, cada una con su pareo de colores reflejándose en el agua.

Entré despacito y de repente estaba allí, sintiéndome acogida por la naturaleza.

La vida es bella.

Día 4 – No eres importante

Me desperté un poco angustiada. Soñé que mis amigas Sonia y Andréa, que estaban embarazadas, había tenido el bebé y yo era la única que no lo sabía.

Fue una sensación extraña pensar que la vida seguía allá fuera, aun sin mi presencia.

Un pensamiento totalmente egocéntrico.

Cuando era directora de marketing, me creía muy importante. Después de presentar mi renuncia, trabajé durante tres meses más; en mi cabeza, eso me daría tiempo para ahorrar algo de dinero, mientras la empresa buscaba a alguien para ocupar mi puesto.

Me fui y pasaron muchos meses sin que nadie ocupara mi puesto y ¿sabes qué pasó? La empresa siguió lanzando películas, teniendo beneficios, batiendo records.

Me vino a la cabeza la frase de la película *Birdman* o (la inesperada virtud de la ignorancia): "No eres importante. ¡Acostúmbrate!"

Pensé en mis padres, en que podía pasarles algo, algún problema de salud. Allí, al otro lado del mundo "yo no era importante". Ese pensamiento me incomodaba y empecé a prestarle más atención. Estaba asociando importancia a dependencia. De repente, me sentí más ligera. Qué alegría pensar que mis padres, mis amigos, mi trabajo, el mundo no depende de mí (fíjate a qué nivel llega mi mente, al pensar que yo era responsable de todo y de todos).

Lo único que puedo controlar de algún modo son mis pensamientos y mis acciones. Es mi responsabilidad. Si estoy bien, puedo contribuir a un mundo mejor.

Algo tan simple como prestar atención a un pensamiento y cambiarlo… Darme cuenta de esto tuvo un impacto gigante en mi vida.

Vale para todo. En clase de yoga, durante el retiro, no entendía muy bien el acento de la profesora. Ella decía *"inhale"* (que en inglés significa "inhala") y yo entendía *"in hell"* (que en inglés significa "en el infierno").

El infierno y el cielo están en nuestra cabeza.

Y tenemos el poder de escoger dónde queremos estar.

En el retiro, sin ruido exterior, era más fácil poner en práctica el *mindfulness* (atención plena) del que nos hablaban los monjes en sus charlas. Cuando estaba comiendo, estaba comiendo. Cuando estaba limpiando el baño, estaba limpiando el baño (¿cuántas veces al día estamos en la ducha pensando en la reunión o hablamos con alguien mientras pensamos en la lista de la compra?). Aun así, la mente se pegaba sus viajes, saltando entre el pasado y el futuro.

Después del desayuno (la sopa de arroz ☺), lavaba la ropa. Eran pocas piezas, un pantalón, una camisa, unas braguitas y un sujetador, pero era un momento interesante. A veces, simplemente lavaba la ropa colocando el agua en el cubo, frotando el jabón, escurriendo, tendiendo. Otras veces me venía alguna canción a la mente. Y a menudo observaba el poder que tiene el silencio para traer tranquilidad a un lugar.

Los cuartos estaban dispuestos alrededor de un patio con césped, había depósitos de agua en las esquinas, que es donde podíamos lavar la ropa. Todas lo hacíamos con un ritmo sereno, sin prisa.

Ya comenté que mi primera impresión fue que el cuarto parecía una cárcel. Esa zona verde a veces me parecía el lugar para "tomar el sol". Y pensando que todo lo que nos aprisiona en realidad está en nuestra mente, quizás sería buena idea llevar el *mindfulness* a las cárceles del país, a las escuelas, a las empresas, a los hogares. Momentos de silencio. La tranquilidad es contagiosa.

Las misses en sus discursos generalmente dicen que quieren la paz mundial. Si yo fuera miss, en mi discurso diría que lo que deseo es paz interior para cada uno de nosotros.

Día 5 – Aburrimiento

La misma rutina, todos los días. Sí, estaba tranquila, no tenía nada pendiente, nada urgente, había entendido que el mundo seguía allá fuera sin mí.

Mi cuerpo ya se había acostumbrado a los horarios, a la cama de cemento, a la ducha con balde y pareo, a la comida.

De repente, empecé a aburrirme. Todo igual, sin ninguna novedad.

En un mundo tan conectado, siempre que no estoy haciendo nada, en seguida busco algo externo para rellenar mi vacío interior. En primer lugar, están las redes sociales… Dejé de ver la televisión, pero sigo conectada a internet, viendo el mundo a través de la mirada de los otros; mientras "no hago nada" veo qué hacen ellos. Descubrí que estoy viciada al móvil y este retiro es un *detox*.

El punto álgido el día era la hora del té porque, algunos días, en lugar de té nos daban chocolate caliente. En aquel contexto me parecía el mejor del mundo e incluso tenía ganas de hacer un pequeño baile de alegría, como Neymar cuando marca un gol.

En aquel silencio, me quedé pensando qué pasaría si durante la comida, por ejemplo, me levantase y, como en la película Olga, dijera de repente: "Necesito que todos sepan que estoy embarazada, embarazada de Luis Carlos Prestes, y quiero tener el bebé en Brasil". Y entonces me sentase y continuara comiendo.

No, no estaba embarazada. Quizás me estaba volviendo loca. Creo que el aburrimiento puede ser un terreno fértil para la creatividad, o para la locura.

Me acordé de un trabajo que hice sobre este tema en la facultad. En aquella época, tuve que leer a Sartre y dice así: "Un loco no hace sino manifestar a su manera la condición humana"; visité un centro psiquiátrico; vi la película Don Juan de Marco. Al final, mi conclusión es que se considera loco a quien no piensa como la mayoría. Realmente, la línea es muy fina.

Decidí que quería tener una vida feliz y creativa. Feliz en el sentido de sentirme en paz, aceptando la realidad y con el mínimo sufrimiento (si el dolor es inevitable, el sufrimiento es opcional ⌐–como decían algunos sabios– cuando vea que estoy sufriendo, voy a averiguar de qué se trata y tratar de cambiar lo que esté en mi mano). Y creativa en el sentido de vivir plenamente como pienso, buscando las cosas que tienen sentido para mí, aunque no las entienda, cambiando de pensamiento cuando el antiguo ya no tenga sentido, o de ropa, de amigos, de trabajo, de país. Aunque me llamen loca.

Oliver venía a verme de vez en cuando. Ya no tenía miedo.

Día 6 – Silenciando la mente

Un día más de silencio. El ritmo de las cosas parecía tener otra proporción. Ni lento, ni rápido. Diferente.

Estaba allí y mi objetivo era hacer lo que debía. En aquel caso, simplemente ser.

Así que empecé a observar cómo era yo, en el anonimato total, cuando nadie me observa, cuando nadie me conoce, sin que me importe lo que piensan de mí.

Me di cuenta de que, al levantarme, lo primero que hacía era tomar la pastilla para la tiroides (tengo hipotiroidismo) y la pastilla anticonceptiva. O sea, en cuanto me levanto, me trago unas cuantas hormonas que, aunque por un lado me ayuden a equilibrar mi cuerpo físico, por el otro pueden encubrir cómo soy y estoy de verdad.

El anticonceptivo, en especial, empezó a molestarme. ¿Para qué me lo estaba tomando? Mi primera respuesta mental fue: para no tener un embarazo no deseado. Ya van más de quince años empezando el día con una decisión que viene del miedo, de un recelo. Quizás en el pasado esto tenía sentido para mí, pero de repente dejó de tenerlo.

Me di cuenta de que me gusta tener las cosas organizadas. El cuarto tenía una cuerda para colgar la ropa, y unas perchas. Empezar el día organizando la poca ropa que tenía, doblar la sábana, dejarlo todo recogido me hacía sentir bien.

También me di cuenta de que me gusta ser práctica, solucionar las cosas, la mayoría de veces sin prestar demasiada atención a los detalles o a la perfección – "mejor dejarlo hecho que dejarlo perfecto". A menudo bromeo diciendo que soy hija del "práctico Jorge", mi padre siempre encuentra una solución para todo, va y lo hace, sin preocuparse mucho por la estética. Recuerdo que una vez le pedí que me ayudara a pasar el cable de la televisión del comedor a la habitación, pero iba a ser complicado cerrar la puerta. No se lo pensó dos veces, hizo un agujero encima de la puerta y pasó el cable. Así de fácil.

En menor medida (creo yo, jajaja), esa practicidad me acompaña. Para pasar el día en el retiro, cogía una botellita de agua, la llave del cuarto (que me ponía en el sujetador, gracias Andréa por la inspiración □) y ya está. Cuando llovía, cogía el paraguas. Cuando hacía frío, me ponía una camisa.

Y así, empecé a observar que me comparo, que juzgo. Había una chica que cargaba con un bolso dorado gigante y pensé que no pegaba nada en ese contexto. Esa misma chica se llevaba té al cuarto todo el tiempo y me hacía gracia ver cómo lo hacía, ya que había un cartel enorme diciendo que toda la comida debía ser consumida allí mismo. La veía haciendo eso y la juzgaba. Había un chico que iba con falda. Además de ser algo inédito para mí, pensé que debía ser incómodo pasar el día entero sentado con ella. Había gente que iba al baño y no "tiraba de la cadena" (en este caso era tirar varios cubos de agua). Había gente que usaba el baño y no se lavaba las manos después. Veía como sucedían estas cosas e iba juzgando.

Lo cierto es que cuanto más miro hacia fuera, menos me miro a mí misma. Como aquello que dice que cuando apuntas con un dedo, hay otros tres que te apuntan a ti.

¿Qué dice sobre mí lo que pienso sobre los demás? Que me preocupa mucho lo que los otros dirán de mí. Que tengo miedo de llamar la atención. Que no siempre hago lo que quiero. Que no quiero darles trabajo a los demás. Que quiero que los demás piensen que soy buena persona. Que para aprender a ser yo, auténtica, necesito mirarme a mí misma y ver que tengo un camino gigante por recorrer.

Cada ser es único. Ni mejor, ni peor. Cada uno de los que estábamos allí teníamos nuestras manías, nuestros rituales: para sentarnos en la alfombra, para comer, para lavar la ropa… Cada uno intentando conocerse mejor y encontrar algún sentido.

Poco a poco iba consiguiendo tranquilizar mi mente. Inspirando, exhalando. El tipo de meditación que nos enseñaban allí se llama *"mindfulness with breathing"*, "atención plena con la respiración".

A veces me venían imágenes a la cabeza, algunas conocidas, como un dibujo de un colibrí azul y verde que mi ahijado Nayder hizo para mí. Durante la meditación, esos colores parecían más nítidos, hasta brillaban, mi atención estaba allí, en aquel instante, y de repente llegaba una sensación enorme de tranquilidad, de paz. No tengo ni idea de cuánto duraba, tanto podía ser un minuto como una hora.

Otras veces, cuando la mente se iba más lejos pensaba "¿Qué estará pasando en Brasil o en

Barcelona?", "¿Si estuviese casada, sería madre a día de hoy?, "¿Dónde estaré de aquí a diez años?". Me acordaba de una canción que forma parte de la banda sonora de una película que me encanta *Antes del amanecer*, y que se llama *Come here*, de Kath Bloom.

Era una forma de hacer que mi mente volviera al aquí y ahora.

Come here

There's a wind that blows in from the north.
And it says that loving takes its course.
Come here. Come here.
No I'm not impossible to touch I have never wanted you so much.
Come here. Come here.
Have I never laid down by your side.
Baby, let's forget about this try.
Come here. Come here.
Well I'm in no hurry. You don't have to run away this time.
I know that you're timid.
But it's gonna be all right this time.

(Traducción libre)

Ven aquí

Sopla viento del norte.
Y dice que el amor lleva su curso.
Ven aquí. Ven aquí.
No, no soy imposible de tocar. Nunca te he querido tanto.
Ven aquí. Ven aquí.
Nunca me tumbé a tu lado.
Baby, vamos a olvidar este intento.
Ven aquí. Ven aquí.
Bueno, no tengo prisa. No necesitas escapar esta vez.

Sé que eres tímido.
Pero esta vez va a estar todo bien.

Y estaba todo bien. Mejor dicho, en el aquí y el ahora, siempre está todo bien. Cuando silenciamos la mente, es más fácil darnos cuenta de esto.

Día 7 – Día de la familia

El retiro empezó el día 1 de septiembre. Tomar la pastilla anticonceptiva cada mañana era mi punto de referencia temporal. En la práctica, daba igual si era sábado o lunes. Es curioso como la cuestión de tiempo es solamente una definición.

El tiempo se siente, el tiempo se percibe, el tiempo se vive.

Era 7 de septiembre, Día de la Independencia en Brasil, festivo. ¿Qué debían de estar haciendo mis amigos y mi familia? Mi madre posiblemente iría a la Barra de São Miguel, una playa en Maceió. Mi padre quizás hubiese ido a la finca que tiene cerca de donde vive. Yo estaba allí, al otro lado del mundo.

De alguna forma, podía decir que no tenía nada que hacer. En este caso, "nada" era mucho, desde las tareas de limpiar el baño, lavar la ropa, limpiar las mesas después de la comida y meditar, que debería ser la cosa más fácil del mundo en plan te sientas y respiras, exige esfuerzo, atención, dedicación, disciplina. Lo sencillo definitivamente no es fácil. No al principio.

Suena la campana. Es otra referencia de que el tiempo está pasando.

Este día hacía más fresquito. No sé si te pasa a ti también, pero yo estoy más introspectiva en días así.

Fui criada para ser independiente y fuerte. Mis padres se separaron cuando yo tenía 8 años y mi madre decía que tenía miedo de morir y que mi padre se casase con una mujer que no nos cuidara bien a mi hermano y a mí. Por lo tanto, lo mejor era ser lo más independientes posible.

Recuerdo una vez que yo tenía fiebre, llegué a su habitación y ella me enseñó a tomarme la temperatura. Cuando estuviera a más de 37, tenía que coger el medicamento del tercer cajón de la cocina y tomar 20 gotas.

Creo que inconscientemente fui entendiendo que "para ser buena, para ser amada", lo mejor era no dar trabajo. Y de ahí a no expresar mis necesidades, fue algo de lo que no me di ni cuenta.

Hoy veo las repercusiones de eso en mis relaciones, cuando no pido ayuda, cuando finjo ser fuerte y por dentro estoy hecha añicos y solo quiero llorar.

Estoy eternamente agradecida a las enseñanzas de mis padres, siempre lo hicieron y lo hacen lo mejor que pueden. Y ahora, aprendiendo a ser yo, descubro que necesito desaprender un montón de cosas, como si fuera soltando capas que en el pasado tenían sentido. Ser independiente y fuerte no siempre funciona. A veces, me siento frágil, perdida, no quiero tener miedo a mostrar mi lado vulnerable, esa capa más honesta de mí.

Durante mucho tiempo pensé que, para ser feliz, ser auténtica, ser yo de verdad, no era necesario hacer nada. Lo que pasa es que estoy empezando a darme cuenta de que no es así, sino que se trata de una decisión que implica mucho desapego. Desapego a la persona que yo pensaba que era, desapego a la persona que yo creía que quería ser. Y en ese camino, las relaciones cambian, algunos amigos se van, la certidumbre desaparece, el silencio gana espacio.

Empecé a pensar en la familia, a pensar en que un día quiero formar la mía propia. Cuántas veces me lo he negado a mí misma...

En el retiro, eché de menos un abrazo, dar un beso, que me lo den. Así que abracé los árboles y, por primera vez, me besé –los brazos, las manos.

Y en un momento de la meditación que parecía sublime, mientras llovía y yo escuchaba el ruido de la lluvia, me vino un sentimiento enorme de gratitud. De repente, cuando abrí los ojos, a menos de diez metros de distancia, caminando lentamente, un bicho que nunca había visto en la vida, como un dinosaurio, pero mucho más pequeño. Se me disparó el corazón, me llevé un buen susto, literalmente salté hacia atrás y el corazón me palpitaba con fuerza, como en un gif animado. Sentía deseos de gritar. Creo que di un grito en silencio que despertó a la chica que había sentada a mi lado, y ella me calmó.

En mi cabeza, para tranquilizarme, me decía a mí misma "calma, este animal que parece un dinosaurio solo es un lagarto gigante, el abuelo de Oliver."

Vale, el conocimiento aleja el miedo. Poco a poco se fue alejando.

Aprendiendo sobre la impermanencia, esa emoción también pasó. Yo estaba bien. Conectada conmigo, con la naturaleza, con el mundo.

Día 8 – Comunicando

Iban pasando los días. La rutina ya estaba integrada. El ser humano se adapta a todo...

Hasta pensaba que podía quedarme más días sin hablar. Yo, la persona más "habladora" que conozco, que se hace amiga de un desconocido en el ascensor, que tiene dificultades para usar *Twitter* porque no sabe decir nada en menos de 140 caracteres, estaba tranquila con el silencio.

Los códigos de comunicación se iban estableciendo con las miradas, los gestos.

Carmen llama a la puerta, una alemana con nombre latino (nos conocimos el día cero). Llegó con una mochila en la mano y me mostró que estaba rota. A través de sus gestos, entendí que quería algo para cerrarla. Busqué entre mis cosas y encontré una cinta. Cuando se la di, Carmen no la quiso —quizás era pequeña o el color era feo, no lo sé.

Se puso las manos en la frente, como queriendo decir: "Espera". Era como si estuviéramos jugando a las adivinanzas, y ahora vendría con la siguiente frase. Entonces hizo el gesto de "Ok" con el pulgar.

Vale, todo bien. Y de repente me señaló con el índice. Pensé en diversas posibilidades: 1) Está todo bien; 2) tú; 3) parece un arma; 4) no estoy entendiendo nada.

Creo que mi cara mostraba esto último, la comunicación no estaba fluyendo. Entonces me agarró del brazo, me llevó a su cuarto y me lo mostró: 1) esta es la mochila rota; 2) tenía otra mochila, así que no era un problema si no conseguía arreglarla.

En ese momento, como en un flash, recordé una escena de la película Malditos Bastardos, cuando un inglés acaba demostrando que no era alemán cuando pide tres cervezas más usando los tres dedos de en medio y no los tres primeros, como los alemanes.

En el caso de la película, la escena fue trágica. En el retiro, divertida, otra vez estaba desaprendiendo. Cuando creo que domino la situación, viene el Universo y pone frente a mí otra experiencia y lo que sabía ya no sirve.

Las charlas eran en inglés; entiendo el 80% o 90%, dependiendo del tema. Hay palabras que no entiendo y a veces una palabra es muy importante en el contexto. En el retiro, la palabra en cuestión fue "*duty*". Por la pronunciación, yo estaba entendiendo "*dude*", que significa "tío, hombre, persona". Y no tenía ningún sentido.

Una y otra vez la palabra se repetía y yo no lo entendía, me entraba la ansiedad, me perdía la mitad de la charla y sentía rabia de mí misma porque me quedaba pensando qué podía significar y me perdía el resto. Cuántas veces nos perdemos en nosotros mismos...

Un día, ya impaciente, escribí en la arena "*dude*" y se lo mostré a la colega que se sentaba a mi lado. Yo ponía cara de no entender nada, de duda. Ella, muy amablemente me corrigió, también en la arena, "*duty*". Así las cosas se fueron aclarando en mi cabeza. En un segundo, hice varias asociaciones con situaciones en las que había visto la palabra, en un curso de inglés, textos, etc. Traduciéndolo literalmente, quiere decir "deber"; yendo un poco más allá, es algo que sientes que necesitas hacer, que nace de ti, como un propósito.

Estaba empezando a entender...

Yo que siempre creí que la comunicación era mi punto fuerte pensaba "tengo muchas áreas que mejorar en la vida, menos esta", y de repente me veo tropezando varias veces, especialmente cuando no expreso lo que necesito, cuando fijo que lo entiendo y no pregunto, cuando digo lo que pienso y creo que todo el mundo lo va a entender, pero no es del todo así. Tanto camino por recorrer...

Y aprendiendo a callarme. En el retiro eso fue más fácil de lo que imaginé. Supongo que porque mi mente habla mucho y porque, poco a poco, me fui sintiendo más cómoda con solo escuchar, bien sea a mi mente o al monje hablando.

Sin embargo, tengo un ego y a veces quiere tener voz, no solo eso, quiero tener razón. Recuerdo a un monje comentando que, a medida que fuéramos practicando el desapego, la aceptación sería más fácil, hasta llegar al punto en que, por ejemplo, no sufres si se te muere la madre.

En ese momento, quise levantar la mano y decir: "Mire, señor monje, me va a disculpar pero creo que no está entendiendo que soy una persona de carne y hueso, con alma, y que cuando mi madre muera, claro que voy a sufrir".

Y muy despacito, meditando sobre el asunto, ya que nadie quería escuchar mi opinión en aquel momento, yo misma fui procesando y entendiendo el mensaje. Como dice el filósofo Gerardo Schmedling: "Aquello que no eres capaz de aceptar es la única causa de tu sufrimiento."

Día 9 – Que yo pueda ser feliz!

Durante el retiro, salía sonido de mi boca tres veces al día: en el desayuno y la comida, repitiendo que la comida solo existía para garantizar mi supervivencia, y a la hora de los cánticos.

Cantábamos en pali y a veces en inglés. Allí estaba yo, sin mucho ritmo, cantando y queriendo entender las palabras, hasta que en algún momento se transformaban en sonidos, vibraciones, sensaciones. Me gustaba estar allí.

Algunos monjes se iban turnando para coordinar esta actividad. Uno de ellos parecía muy joven, tendría unos 26 o 27 años. Me ponía a imaginar de dónde sería, qué le habría hecho tomar la decisión de ser monje. Era guapo, tenía los ojos verdes. Tenía una mirada profunda, quizás hubiese sufrido mucho...

Era el último día de cánticos y ya se notaba un ambiente de despedida. El monje empezó a decir que esperaba que esa experiencia fuese transformadora, pues algunas experiencias lo son.

Nos contó que era curioso y que le gustaba aprender. Una vez, estuvo presente en una autopsia. Empezó a describir cómo los médicos cortaban las partes. Le pidieron que los ayudase a abrir el cráneo y allí estaba el cerebro. Nos dijo que fue una de las experiencias más impactantes para él, que se dio cuenta de lo fugaz y frágil que es la vida. De repente, tienes un cerebro en tu mano y aquello no significa nada, la persona ya no está allí, ni sus pensamientos, sus dudas, sus historias, sus amores...

El silencio pareció aún mayor en aquel momento.

Entonces alguien empezó a dar palmas. Parecía un grito estridente. Todos miraron al hombre, creo que juzgándolo, porque en aquel lugar, en aquel contexto, dar palmas no parecía tener sentido. También hubo quien lo miró con compasión, con solidaridad. Quizás yo también habría querido dar palmas como forma de demostrar el impacto que aquella historia me había causado.

De nuevo volvió el silencio. Esta vez parecía más ensordecedor. El monje se quedó observándolo todo, con una mirada plácida y, en un determinado momento, solo dijo: "Simplemente sé responsable de tus actos".

¡Uau! Solo eso. El acto fue simbólico pero la lección gigante. Simplemente sé responsable de tus actos. Cuántas veces me pongo en el papel de víctima, culpando y responsabilizando a cualquier persona o cualquier cosa de lo que me pasa o de cómo me siento.

El camino para la paz y la felicidad definitivamente no es ese. Es tomar las riendas de mi vida, ser responsable de lo que escojo hacer y pensar, y finalmente de cómo me quiero sentir. Está todo aquí dentro.

Llegó un monje más viejo y, para cerrar la última sesión de cánticos, nos pidió que repitiéramos algunas veces: *"May I be happy"*, "Que yo pueda ser feliz".
Alto y claro: ¡QUE YO PUEDA SER FELIZ!
Y este es mi nuevo mantra en la vida.

Día 10 – Grano de arena

Sabiendo que puedo ser feliz, me despierto el día 10 del retiro. El último día. La sensación es extraña, como una nostalgia por algo que todavía estoy viviendo, nervios por lo que va a venir, un miedo a lo desconocido. ¿Servirán de algo los días que he pasado aquí? ¿Sabes aquello de que cuando ya sabes todas las respuestas, viene el Universo y cambia las preguntas?

Durante el desayuno, nos avisaron de que este día sería diferente, no seguiríamos la rutina de los otros nueve días.

Impermanencia.

¡Qué ingenuo es pensar que sabemos cómo será el día porque ya lo planificamos de esa manera! Puede ser que llueva, que nazca un bebé, que muera alguien, que se cancele una reunión. Mejor que quejarse, que resistirse, es fluir y abrir los brazos a la vida que se nos presenta. Mucho tiempo después descubrí que eso tiene un nombre: aceptación. Algo que queda muy lejos de la resignación.

Aceptar supone comprender, entender que hay un orden en el Universo, que existen leyes universales. Es como soltar un vaso y saber que se va a caer. Aceptar supone respetar ese orden, adaptarse, lo cual significa aceptar las cosas y a las personas como son. Si hay algo que puedo cambiar es qué pienso al respecto.

Fuimos a un lugar en el que no habíamos estado, era como una finca o algo así, con varias casas donde vivían los monjes. Nos mostraron una enorme montaña de arena. Nuestra meta para el día era llevar toda aquella arena a una zona, unos cien metros más allá, y repartirla por todo el espacio.

¿Cómo íbamos a hacer eso? Cargando la arena en pequeños cestos. Miraba la montaña, miraba hacia donde había que llevarse, miraba los cestos. No íbamos a acabar nunca. Una máquina lo haría en dos horas a lo sumo.

¿Y nosotros? ¿Cuánto tiempo nos llevaría? Lao-Tse tiene una frase que dice: "Un largo camino empieza con el primer paso". Es mejor pensar así, no pensarlo, solo hacerlo.

Cogí una cesta y empecé, sin gracia ninguna, mirando cómo lo hacían los demás. En algunas zonas, la arena estaba más dura y era más difícil; en otras, estaba más fina y hasta se caía del cesto. Lo que estaba claro es que no había un solo modo de hacerlo, ni uno que fuera mejor. Cada uno iba a su ritmo, a su manera.

Después de ir y volver unas treinta veces, ya estaba cansada y aburrida. De repente, con una claridad enorme, me vino el siguiente pensamiento: "Puedo ser feliz, quiero ser feliz y tener una vida creativa, ¿cómo sería este momento visto de ese modo?". Así de fácil, un cambio de chip y el mismo contexto se hizo interesante.

Decidí ponerle ritmo. La canción sería un rap del que me sabía el estribillo:

"I'm gonna pop some tags. Only got 20 dollars in my pocket. I, I, I'm hunting, looking for a come-up. This is fucking awesome".

("Voy a colocar algunas etiquetas. Solo tengo 20 dólares en el bolsillo. Yo, yo, yo estoy cazando, intentado que me vaya bien. Esto es la hostia".)

No tenía nada que ver con mi contexto en aquel momento. Ahora que me fijo en la letra… ¡Nada que ver! Cantaba mentalmente y cambiaba "20 *dollars*" por "20 *baths*" (moneda tailandesa) y me reía sola. Al final, tenía mucho que ver, porque puedo escoger el ritmo de mi vida, como quiero ver e interpretar las cosas *and this is fucking awesome!*

Me acordé de cuando fui a Amsterdam con mi amiga Rebecca. Allí también cantábamos esa canción. Otro contexto. Conocimos a un tipo y decidimos que los tres iríamos en la misma bicicleta a un bar —si en la India van hasta ocho personas en una bicicleta, ¡tres estaba chupado! Pero no. Acabamos en el suelo. Me reí tanto que me meé encima, allí en medio de la calle.

Casi un año más tarde, en Tailandia, en un retiro de silencio, cargando arena, ese recuerd me trajo ligereza. Tiempo después descubrí que eso tiene un nombre: anclaje, una técnica de PNL (Programación neurolingüística) que nos permite rescatar de experiencias pasadas cualquier sensación que queramos.

Piensa en un ancla, como una llave, un interruptor que puedes encender cada vez que desees tener una sensación. Aquella voz que te transmite tranquilidad cuando la oyes, una comida que te trae placidez, un perfume que te recuerda un amor inocente, una canción que te da ligereza. Así de simple. Una situación que parece un caos sin fin se transforma.

Pasaron las horas y el trabajo que parecía eterno se terminó. Me acordé de mi madre diciendo que hay que hacerlo todo con amor. Mi grano de arena fue hacer mi parte con amor, con ligereza.

Me hubiera llevado siglos hacerlo sola. ¿Por qué me vino ese pensamiento a la cabeza? Creo que tiendo a pensar que necesito hacer las cosas sola y tengo miedo a pedir ayuda. Es gracioso… me doy cuenta de que las únicas veces en que he estado sola (en el sentido de sentirme completamente sola, aislada del mundo) ha sido cuando no he pedido ayuda, por no levantar la cabeza y mirar hacia fuera de mi mundo interno.

Tal vez tuviera miedo de que las personas me conocieran realmente y vieran que no soy tan fuerte, vieran mis defectos y me quisieran menos por ello. Me sentiría más sola todavía.

¡Somos ilusos al creer lo que la mente nos dice! La mente a veces miente. Observa y verás.

Por la noche, después del baño, volvimos al espacio de meditación. Habían pasado diez días y el monje nos invitó, a quien quisiera, a compartir su experiencia.

Tendríamos voz. Resultó extraño descubrir de dónde eran las personas que estaban allí, franceses, alemanes, brasileños… ¡Qué bonito escuchar sus historias! Había un tipo que estaba dando la vuelta al mundo en bicicleta. Otro dijo que estaba acostumbrado a estar callado, pues estaba casado y tenía tres hijas, pero que había descubierto que su mente no se callaba nunca y eso fue difícil. Y estaba yo, que no sabía cómo definirme, solo sabía que no era la misma que antes el retiro. ¡Yo era pura gratitud!

Día 11 – Quién soy

La sensación al hacer la mochila fue extraña. Despedirme de aquel cuarto, de aquel espacio que tantas incomodidades me había traído, pero también tantas grandes lecciones.

Fue extraño hablar con las personas con las que antes solo me comunicaba con la mirada. Creo que todos teníamos la misma mezcla de emociones, entre querer compartir todo lo vivido y volver al silencio.

Comí con algunas personas que ahora sabía cómo se llamaban. Hubo quien adelgazó mucho. Hubo gente que no fue al baño en los diez días.

Hablamos de la sopa de arroz, de los monjes, de la cama… Al final le pregunté a Nina, a quien admiraba cuando hacía yoga, dónde había comprado su esterilla de yoga que llevaba. Empezamos a dar una vuelta para conocer el monasterio, pero ya no quería estar allí. Tenía que coger un autobús en dirección a Krabi y empecé a preguntar quién más iba en esa dirección.

Siempre que comentaba con alguien que iba a hacer un retiro de silencio, algunas personas me decían: "Creo que lo vas a conseguir, porque eres disciplinada, pero pobre de la primera persona que encuentres cuando salgas".

Beatriz se sentaba delante de mí durante las meditaciones. Como el Universo es maravilloso, era de Barcelona y había vivido muchos años en Brasil. ¡Pobre Beatriz! Yo feliz de la vida porque podía hablar en portugués y quería compartir todo lo que había sentido. Ella, más reservada, hablaba poco y me escuchaba con paciencia y amabilidad.

Paramos en un restaurante y yo tenía antojo de café con leche con espuma. Pequeños placeres. Me hizo gracia que ella pidió arroz con algo. Yo no quería arroz tan pronto en mi vida.

Al llegar a Krabi, intercambiamos números de contacto y nos despedimos.

Ya tenía acceso a internet. Hablé con mis padres, con algunas amigas. Tenía un mensaje de Diego. Los bebés de mis amigas aún no habían nacido. El mundo seguía sin mí.

Quería darme una ducha caliente. Cuando me miré al espejo, en cuerpo y alma, totalmente vulnerable, sonreía y lloré. ¿Quién soy?

Antes mis etiquetas me ayudaban a definirme: hija, hermana, tía, amiga, madrina, directora… en aquel momento me vi por completo, era un ser humano, sin ropa, sin filtros. Un alma viviendo una experiencia en la Tierra. Mirándome así, me sentí orgullosa de mí misma y me abracé.

Al día siguiente, me fui a la isla de Koh Lipe, quería un lugar tranquilo para poco a poco reaprender a ser yo en contacto con el mundo. Fueron dos días en una cabaña frente al mar. Y la isla prácticamente desierta...

Todo parecía más intenso, los sonidos, las luces, los sabores, las emociones, la percepción del tiempo.

3. ¿HACIA DÓNDE VOY?

3.1 El gran cambio

Al volver a Barcelona, tenía un compromiso conmigo misma: ser lo más auténtica posible para con mi esencia.

El piso donde vivía era oscuro. Descubrí que necesitaba luz, en todos los sentidos. Donde hay luz, allí voy yo.

Fui a comer al piso de mi amiga Ale, que preparó un pollo típico de su país, Perú. Estábamos ella, Sonia embarazadísima y yo. Hablamos de la nueva vida que iba a llegar al mundo, hablamos de mi viaje y del cambio de vida para Ale, que se mudaba a Alicante, pues había recibido una oferta de trabajo.

El piso tenía un balconcito y mucha luz. "Me vendría a vivir aquí, si bajasen el alquiler" dije yo. Ale preguntó: "¿Por qué lo van a bajar?" "Porque soy guay" fue mi respuesta. Llamé a la inmobiliaria e hice mi propuesta.

Es impresionante como, al estar más despierta, el Universo siempre nos da lo que necesitamos (no siempre lo que queremos).

Por la noche, Sonia empezó a sentirse mal. Creyó

que era el pollo, pero era Ayan, que llegó de madrugada. Ayan, un nombre indio con varios significados, entre ellos "el camino que hace el sol hasta llegar a Brama, un dios indio".

Y aquí estoy, en mi camino.

Durante el fin de semana, como parte del curso que había hecho, debíamos hacer un ejercicio para dibujar cómo nos veíamos en los próximos años. Yo me vi escribiendo libros, viajando, dando charlas, en un mundo lleno de sonrisas, sol y luna, luces y sombras.

Quince días después, estaba viviendo en el antiguo piso de Ale. La chica de la inmobiliaria me preguntó qué muebles tenía. Una lavadora, un escritorio, un colchón inflable.

En diez días, la casa estaba amueblada. Cada día el Universo, a través de personas-ángel en mi vida, me regalaba y se presentaba con generosidad y abundancia.

Un amigo del máster, que tampoco era tan cercano, se ofreció para ayudarme en la mudanza, un gran corazón. Al entrar en el pasillo, apreté un interruptor pensando que era el de la luz, pero era el timbre de la vecina. Luci, brasileña que vive hace más de 20 años en Barcelona, abrió la puerta y se ofreció a ayudarme en lo que necesitara.

En el cuarto de Ayan había una cama que debía dejar lugar a su cuna, así que vino para mi casa. Unos vecinos se marchaban del edificio y la chica de la inmobiliaria apareció con un sofá, una mesa, un armario y hasta una nevera. Como por arte de magia, tenía un nuevo hogar, con luz y amor.

Y cuando crees que no puede ser mejor, descubro que Beatriz, a quien conocí en Tailandia, vive aquí al lado, a tres minutos a pie.

¡El Universo el maravilloso!

Cinco días después, nació Murilo, el hijo de mi amiga Andréa. Empezaba un nuevo ciclo.

Era octubre de 2015. Ya en mi casa nueva, sentía, tanto por dentro como por fuera, una sensación doble: alegría y miedo a lo desconocido. Había decidido seguir viviendo en Barcelona. No tenía ni idea de qué haría para poder quedarme, pero una confianza enorme gritaba en mi interior y me decía que este era mi lugar.

Tuve mucho miedo. Entré en contacto con una pequeña empresa que ofrecía servicios de calidad de vida y bienestar para medianas y grandes empresas. Necesitaban a alguien para el área de marketing y pensé que así podía combinar mi experiencia pasada con lo que quería para el futuro. Empezaría en enero.

Quedé algunas veces con Diego, él seguía viviendo en Madrid, y yo Barcelona. No tenía que ser.

Mientras tanto, empecé un proyecto de *Coaching* con un colega del máster. Todo iba bien hasta que un día se me declaró. Me quedé alucinada. Él tenía novia y nunca había habido feeling entre nosotros.

Le dije que lo que me acababa de decir tenía dos grandes problemas: uno, que tenía novia; dos, que en dos semanas, yo iba a pasar 40 días en Brasil. Me sentí querida, amada, escogida. En aquel momento no entendí que estaba repitiendo el mismo patrón que casi diez años atrás, cuando creía que no podía escoger. Él cortó con su novia, estuvimos juntos dos días y me fui de viaje.

Días de familia, disfrutando de estar con mis padres, mis amigos, las personas que son y siempre serán parte de mi historia, de mi vida. Es lo que más echo en falta aquí, a las personas. La tecnología ayuda: *Whatsapp*, e-mail, redes sociales. Ya casi no me sentía brasileña, me sentía ciudadana del mundo, y podía escoger vivir en cualquier parte.

A veces no somos conscientes de la libertad que tenemos.

Al volver, mi "relación" duró cuatro días. El colega del máster, que se había convertido en mi "novio", me dijo que no quería estar aquí, que se sentía mal porque necesitaba llorar lágrimas no lloradas desde la muerte de su padre hacía dos años, desde el fin de su última relación.

Cuando se fue de casa sin mirar atrás, sentí un nudo en el pecho. Fue como si mi corazón se estuviera cerrando. Recuerdos de otras relaciones terminadas, otras veces en que me he sentido abandonada.

Pero el Universo tenía más lecciones para enseñarme. Es muy sabio y didáctico. Si no aprendemos la lección, repetimos, en otros escenarios, con otros personajes, y así vamos haciéndonos más fuertes, más conscientes.

¿Cómo se supera el miedo a volar? Volando.

¿Cómo se supera el miedo a hablar en público? Hablando.

¿Cómo se supera el miedo al abandono? Siendo abandonada.

Me metí de lleno en el nuevo trabajo y empecé a revivir, desde el primer momento, las mismas sensaciones que cuando trabajaba en mi último empleo en Brasil. Por más que me gustara lo que estaba haciendo, mi cuerpo decía claramente que no quería estar allí. Sensación de incomodidad y aquel dolor de estómago que no sentía hacía años.

Además, mi menstruación, que había estado súper regular después del monasterio, se me retiró en cuanto dejé de tomar la píldora. Pensé que podía estar embarazada. Por primera vez en la vida, me hice un test de embarazo, de esos de farmacia: negativo.

Busqué a una ginecóloga. En la consulta, me hizo una ecografía y, con la mayor naturalidad del mundo, me dijo: "Tus ovarios ya no funcionan, tienes menopausia precoz". El mundo se detuvo durante unos segundos.

¿Pero cómo que menopausia precoz? Acababa de cumplir 36 años, aún no tenía hijos...

Me hice algunas pruebas. Emitir un diagnóstico así no es tan sencillo. Para que sea definitivo hay que pasar por lo menos un año sin menstruar. A pesar de mi ignorancia, sin embargo, los números que veía en los análisis no dejaban lugar a dudas.

Quería un abrazo, que alguien me reconfortara, necesitaba a mi madre. La llamé en el medio de la calle, llorando. Como acababa de empezar en el trabajo nuevo, no tendría vacaciones tan pronto. Le pedí que viniera a verme unos días, aunque fuese un fin de semana.

Ella estaba empezando una relación, estaba en otro momento vital. También creo que no quería aceptar mi realidad: vivir lejos y además no poderle dar un nieto o nieta. Bueno, intento racionalizar la situación para digerir lo que dijo aquel día: "No voy a dejar mi felicidad por tu tristeza, fuiste tú quien decidió irse a vivir lejos". El mundo se detuvo de nuevo.

Yo necesitaba ayuda. Necesitaba que alguien me escuchara.

Así que por primera vez, busqué una terapeuta. Fue una única sesión de hipnosis. Llegué a la consulta pensando que el problema era mi madre, que tenía que aceptarla. Pero resulta que no era esa la cuestión, nunca lo fue. Necesitaba cambiar mi foco, ser el cambio que quería ver, necesitaba aceptarme, con todo lo que ello suponía, con todas mis luces y sombras.

Los amigos que viven en Barcelona, Ale (que vivía en Alicante y venía una vez al mes), los amigos que viven en Brasil y mi padre fueron mi red de apoyo.

Descubrí que tenía una relación de codependencia emocional con mi madre. Durante mucho tiempo, creí que solo estaría feliz si ella lo estaba e intentaba asegurarme de eso llamándola dos veces al día. Para mí, era un modo de demostrar amor, cuidado.

La menopausia precoz fue un punto de inflexión. Recuerdo que le pregunté a mi madre, que tanto me conocía y sería la mejor persona para contestar: "Cuál ha sido mi mayor cambio desde que vivo en Barcelona?". Su respuesta: "Estás más independiente emocionalmente".

Yo me estaba transformando y nuestra relación también.

Esa independencia me asustaba. No sabía si me iba a querer del mismo modo. Ser independiente emocionalmente significaba escucharme y hacer lo que era importante para mí, tanto si ella lo aprobaba como si no.

En la práctica, significó hablar con menos frecuencia por teléfono; compartir el día a día, pero no hablar de sueños ni planes.

Estaba conociendo una nueva versión de mí misma, quizás más segura, quizás más solitaria.

Es tan raro no reconocerse. Afloran los miedos. ¿Y qué pasa cuando esto sucede? El ego grita más.

El ego, el que solo se preocupa de la supervivencia y no de la felicidad.

En paralelo a mi trabajo como *coach*, empecé un trabajo que, a pesar de estar alineado con mis valores, pues era una start-up que trabajaba con temas de calidad de vida, mi vida no tenía ninguna calidad. Lo que me movía era el dinero que ganaba. Era poco, pero mi mentalidad de escasez —así gritaba mi ego— me decía que era el único trabajo posible en aquel momento. El cargo era chulo —*Chief Marketing Officer*— y me permitía relacionarme con personas importantes, inversores, empresarios.

Ego, ego, ego...

Cuando entré en la empresa, hice una charla en inglés para 250 personas en el *Mobile World Congress*, el evento más importante de tecnología móvil del mundo. Me parecía lo más contar que había hablado en un evento donde Mark Zuckerberg, el fundador de *Facebook*, también lo había hecho.

Tres días antes de presentar mi renuncia, di una charla en otro evento, *IoT Solutions World Congress*, un evento de *IoT —Internet of Things—*, también importante, el mayor del mundo en el sector, también en inglés, pero esta vez con menos público, unas 100 personas... Esta vez ya me estaba sintiendo menos importante.

Es gracioso como lo importante no es lo que sucede fuera y sí lo que sucede dentro de nosotros, y cómo reaccionamos.

Estaba súper nerviosa ese día. No porque no dominase el asunto, ni porque tal vez no encontrara las palabras en inglés. Tenía miedo de las preguntas que me podían formular. Estaba hablando de calidad de vida pero estaba viviendo una vida sin calidad. Estaba siendo incoherente y uno de mis valores principales es la integridad. Me estaba sintiendo una farsante.

Los nervios me causaron tantos gases, sí, sí, eso mismo, pedos... Era una sensación horrible para alguien que tiene que subir a un escenario, con tacones y vestido, y mostrándose segura. Le mandé a mi madre una foto del evento donde parecía tener barriga de embarazada. No era un bebé, era mi esencia que quería hablarme.

Y me habló. Después de pasar el fin de semana pensando, reflexionando, sintiendo, presenté mi renuncia. Todavía me quedé tres semanas cerrando proyectos y salté al vacío de lo desconocido nuevamente.

Era fin de año y fui a pasarlo con unos amigos a una casa en el sur de Francia —para quien vive en Brasil, suena muy pijo, pero para quien vive en Barcelona es como ir a pasar fin de año a una finca a menos de 200 km de casa—. Me sentía muy perdida.

Ansiedad es lo que sentía y, tal y como leí un día, la ansiedad es un exceso de futuro. En el aquí y ahora todo está bien.

El año 2017 empezó como una página en blanco. La libertad también asusta. No tenía compromisos con nada ni con nadie. Daba igual si quería dormir el día entero, mudarme a la India, ver una maratón de telenovelas o pasarme horas en *Facebook* o *Instagram* mirando la vida de los demás… tenía literalmente un mundo de posibilidades.

Me miré en el espejo del baño durante unos minutos y me pregunté qué tenía que hacer, como esperando una respuesta del más allá. Y vino. Como una voz bien nítida al oído, no sé cómo explicarlo, era una voz femenina que se parecía a la mía (¿sería mi inconsciente, mi intuición, Dios, Diosa en este caso?), me dijo: "No tienes que hacer, solo ser".

Y esa voz me trajo calma. Y poco a poco las respuestas empezaron a llegar, como de un lugar tranquilo.

Quería darle una vuelta a mi vida profesional.

Actualicé mi currículum y mi LinkedIn. Esta tarea nos hace retroceder en el tiempo y ver con perspectiva el camino recorrido.

Quería tener una página web, así que tiré de contactos, empecé a crear contenido, seguía con mis vídeos en *YouTube*.

Necesitaba dinero para mantenerme. Con el cambio de real a euro, lo que ganaba de mis alquileres en Brasil no pagaba ni mi alquiler. Reduje gastos, ofrecía sesiones de *coach*, di algunos cursos, pedí ayuda a mi padre, a veces alquilaba mi habitación y me iba a dormir al salón.

"Tú camina que el Universo coloca el suelo". Es muy cierto.

No tenía que hacer nada, solo ser. Soy un ser humano y no un hacer humano. Es interesante lo que sucede cuando permitimos que el silencio hable más alto. Las respuestas llegan.

Dicen que cuando rezamos, hablamos con Dios. Y que cuando meditamos, es Dios quien habla con nosotros. Si Dios existe, debe de ser esa conexión, escuchar nuestra verdad.

Y mi verdad me decía que yo quería estar cerca de personas que me inspirasen, ya fuera viendo, leyendo o conversando.

Una amiga me dijo una vez que el hecho de que yo no vea la televisión o escuche la radio me hace estar en un mundo paralelo, en una burbuja. Puede ser. Pero si hay algo que me enseñaron mis diez días de retiro, entre otras cosas, es que no necesito tanta información, tanto ruido. Mis cinco sentidos lo absorben todo, de un modo u otro. Puedo escoger lo que quiero que entre en mi mundo.

Hacía algún tiempo que miraba vídeos de Borja

Vilaseca, un referente en temas de desarrollo personal aquí en España. Tuve la oportunidad de traducir la página web de 'La Akademia', su proyecto social de educación emocional gratuita, para jóvenes de entre 18 y 22 años.

El director de 'La Akademia' en Brasil es una persona increíble, mi amigo Rubén. Un día le dije que quería conocer a Borja y acercarme a su trabajo, así que me sugirió: "Borja tiene varios libros, ¿por qué no traduces uno al portugués?". Y así fue, se titula: *Prazer em me conhecer* (en español, Encantado de conocerme).

Ahí está el Universo colocando el suelo, el profesor que aparece cuando el alumno está preparado. El libro habla sobre el eneagrama, una herramienta de autoconocimiento que nos ayuda a trascender el ego y a reconectar con nuestra esencia. Esto fue fundamental en mi proceso de autoconocimiento, descubriéndome en este mundo, aprendiendo que para aprender necesito desaprender muchas cosas.

Me levantaba a las 6h de la mañana para traducir y, en cada página, iba descubriendo más sobre mí, sobre lo que hay detrás de mis acciones o por qué, cuando estoy desconectada de mi esencia, tengo mis prontos, como decía mi abuela.

El Universo nos habla todo el tiempo. Empecé a leer el libro Libera tu magia, de Elizabeth Gilbert. Vida creativa sin miedo. Otra vez la buena de "Liz" siendo luz en mi vida. Y así volví a escribir este libro, que estaba durmiendo en una carpeta de mi ordenador, pero con unas ganas locas de despertar en mi interior.

Parecía que todo fluía con más ligereza. O con menos resistencia por mi parte.

Busqué información para un curso; la organizadora y viajera como yo, Sandra, se convirtió en mi amiga.

No hice el curso, pero la amistad continuó.

Empezamos un proyecto para organizar retiros y un viaje a Santiago de Compostela. El retiro no salió; el viaje en grupo tampoco. Pero lo cierto es que yo quería ir, aunque no tuviera dinero.

Abro paréntesis:

En mi intento por aproximarme a personas que me inspiran, había comprado una entrada para ver a Ludovico Einaudi, un pianista que me encanta, en Berlín. Compré el billete con mucho tiempo para que me saliera más barato.

El día del viaje, el vuelo se retrasó ocho horas. Llegué a tiempo para ver el espectáculo al día siguiente. Un espectáculo que recomiendo y que creo que hay que ver por lo menos una vez en la vida.

La compañía aérea me pagó 400 euros por el retraso del vuelo. Ya está, ya tenía el dinero para el Camino de Santiago. El guionista de la vida es más creativo que yo.

Cierro paréntesis.

3.2 Sombra y miedo

Era julio de 2017, mi cabeza estaba perdida en varios asuntos.

Iba a pasar un fin de semana en París con un francés al que estaba viendo hacía un tiempo. Iba a hacer el Camino de Santiago, era un viaje muy esperado y quería aprovecharlo al máximo. Y en agosto, me iba a Brasil, a pasar todo el mes allí; quería volver a acercarme a mi madre.

¡Pide, que el Universo te ayuda! Después de varias conversaciones con amigas, decidí hacer una terapia "exprés". Necesitaba centrarme. Como iba a quedarme un mes en Brasil, aún me quedaba un mes intensivo de viajes interiores y exteriores antes de partir. Claudia fue un ángel en este momento.

Hacer terapia es algo que te coloca ante tus mayores vulnerabilidades —si te lo permites y eres honesto contigo mismo—.

Yo fingía que mi ida a París no era importante. Era una protección, estaba más implicada de lo que quería y decía que el francés y yo no teníamos una relación. Claudia fue muy clara en este caso: "No tienes un rollo; lo que define una relación es el tiempo y vosotros os veis hace más de diez meses. Es una relación, ponle el nombre que quieras".

El fin de semana en París fue extraño. Mi cabeza y mi corazón no se ponían de acuerdo. Estaba contenta de estar allí y al mismo tiempo me encontraba fuera de lugar. Era el primer día que pasaba en el apartamento al cual se acababa de mudar. Fuimos a comprar la nevera juntos. Conocí a su madre, quien nunca había oído hablar de mí y fue muy directa al decirme: "Si quieres una relación seria, no sé si mi hijo es la persona correcta". Por la noche fuimos a una fiesta y conocí a sus amigos. Visto desde fuera, estaba viviendo un sueño, en París, al lado de alguien que me gustaba, con la Torre Eiffel iluminada de testigo, teniendo buen sexo, ayudando en la mudanza, conociendo a su familia y amigos. Por dentro sentía que todo eso solo era especial para mí, y que no había reciprocidad.

Como decía Frida Kahlo: "Donde no puedas amar, no te demores".

A la semana siguiente, me iba a hacer el Camino de Santiago. Grababa vídeos en *YouTube* y compartía mi propuesta en cada momento. La de entonces vale también como propuesta para la vida: vivir más despierta, observando cómo el Universo me habla todo el tiempo, ya sea a través de una canción, de una conversación, observando mis pensamientos o el modo en que me siento.

La mochila para el Camino era ligera. Era una buena señal. Si el peso que cargamos, es el peso de nuestros miedos, yo ya estaba confiando más en la vida.

La primera ciudad fue Tui. Me desperté pronto, aún

estaba oscuro. Quien me conoce sabe que tengo una orientación pésima, puedo ir diez veces al mismo lugar y no saber volver. Tardé años en entender lo de "lado mar" y "lado montaña" aquí en Barcelona.

Estábamos mi mochila y yo en la recepción del albergue y le pregunto al recepcionista: "¿Por dónde empieza el Camino?". Y él sabiamente me responde: "El Camino ya ha empezado".

En seguida aparece Ricardo, como por arte de magia, un portugués que llevaba recorridos muchos kilómetros del Camino solo. Había estado en algunos albergues donde no había nadie, ni un alma. Para no aburrirse durante el viaje, creó un personaje imaginario, Hilario, que lo acompañaba.

Y de repente la vida se encarga de colocar a una Hilaria frente a ti. El camino ya había empezado, ya no tuve miedo de perderme, tenía un guía a mi lado, que veía las vieiras que nos indicaban la dirección; yo solo tenía que ir yendo, caminando, confiando, riendo, contando historias.

Pocos momentos de silencio, pocos momentos sola. Si el mundo es un reflejo de lo que pasa dentro de nosotros, dentro de mí había mucho ruido y momentos de paz cuando los pedía o me los permitía.

Recorrí 140 km, ni una ampolla en los pies y la certeza de que el Universo nos da siempre lo que necesitamos.

Con esa experiencia en los pies, claridad mental en la cabeza y conexión con el corazón, partí hacia Brasil.

Primera parada: Río de Janeiro. Había quedado con Cona, una amiga chilena que conocí en Barcelona, con quien pasaría unos días en Búzios. Yo llegué pero mi maleta, no. Creo que el Universo ya me estaba avisando de que mis vacaciones no serían como las había planificado.

Días de descanso, y a la vuelta pasamos una noche en casa de mi hermano Igor, que es hijo de mi padre y vive en Río. Conexión y risas.

Al día siguiente, autobús hacia Belo Horizonte, autobús hacia Betim, y mis ojos reconociendo tantos lugares que fueron "míos" y hoy son paisajes.

Las últimas veces que había hablado con mi madre, le dije que me quedaría unos diez días en Betim, después me iría a São Paulo, luego Vitória, y al volver iba a hacer un curso con Elizabeth Gilbert en Londres. Tenía mi vida toda planeada y a ella le pareció poco el tiempo que íbamos a pasar juntas. Y yo siempre argumentando que tenía mi vida, mis amigos, mi trabajo.

Tenía un miedo enorme a que un día de repente dejara de hablarme. Ella ya había dejado de hablar con mucha gente durante mucho tiempo, algunas para siempre, sin remordimiento alguno. En terapia, trabajé ese tema y entendí que, para que nuestra relación estuviera en paz, mi decisión tendría que ser la siguiente: estar en paz por encima de todo, a partir del amor y no del miedo.

Con este pensamiento, llegué a casa.

Después de un año y medio, corazón acelerado, yo solo quería un abrazo de mi madre. Llegué a casa literalmente con los brazos abiertos. Mi madre había tenido una caída unos meses antes y estaba con el brazo en cabestrillo. Cuando fui a abrazarla, me dijo: "Cuidado, no me hieras". Mi madre es del nordeste de Brasil, de Alagoas, y allí "herir" se usa en el sentido de hacer daño. Lo que yo entendí es que tenía una madre herida, en el sentido del alma, esa mezcla de sentimientos entre el rencor, la rabia y la tristeza, generalmente fruto de la decepción.

En nuestras conversaciones, el tema de que me echaba de menos era recurrente y tenía que acostumbrarse, igual que se acostumbró a extrañar a su abuela, que murió cuando ella tenía 19 años, o que se había acostumbrado a no hablar con mis hermanos y mis sobrinos durante años. Y ahora yo, que había decidido vivir en España.

Ella sentía que había algo que no iba bien y se estaba haciendo una revisión. De hecho, uno de los motivos por los que escogí estar en Betim en estas fechas, era para acompañarla durante su operación de cataratas y también antes durante las pruebas preoperatorias.

Estaba con ella en la recepción de una consulta médica y quería convencerla para que entendiese el mundo como yo lo entiendo.

Si fuera una sesión de psicoanálisis, este momento sería una "revelación". Ella me miró y me dijo: "Hija, entiéndelo, no quiero entenderte".

Yo sonreí y dije: "Qué bonito, vamos a grabar este instante, comprender para ser comprendido y así el amor fluye, sin querer cambiar al otro". Yo te entiendo, mamá. Y me dijo: "Esta hija mía está loca". Nos reímos mucho.

Día 13 de agosto de 2017. Era el cumpleaños de mi prima-amiga-hermana-amada Janaína y también el día del padre. Fui a Congonhas a pasar el día con mi padre y a celebrar el cumpleaños.

De vuelta en Betim, mi madre no estaba en casa. La llamo, está en el hospital. Había tenido una subida de azúcar, así que llamó a mi tía Rosângela (Danda) y fueron para allá.

Mi madre empezó a sudar mucho. Yo estaba muy asustada.

Ella estaba de muy mal humor. Según la cobertura de la mutua, tenía que estar en un box pero, siempre que lo había necesitado, pagaba la diferencia para estar en una habitación. Lo que pasaba es que no había ninguna libre. Ella quería privacidad y aire acondicionado. Yo quería entender qué tenía, quería que mi madre estuviese bien.

Día 17 de agosto. Otro atentado terrorista, que recordaba al de 2015, pero esta vez en Barcelona. Un hombre que conducía una furgoneta atropella y mata a varias personas en Las Ramblas, uno de los lugares más céntricos de la ciudad que yo había escogido para vivir. La gente me mandaba mensajes queriendo saber dónde estaba, si estaba bien. Pero no, no estaba bien. Estaba viva, pero la sensación de desespero de no saber qué estaba pasando era cada vez mayor.

En uno de aquellos momentos de complicidad, compartí con mi madre la "Oración del *Ho 'Oponopono*", una oración de perdón, en la que pides a Dios o a una fuerza superior que limpie y purifique todo tu dolor, tanto físico como emocional, tus heridas y tus problemas.

"Divino Creador, padre, madre, hijo todos como Uno… si yo, mi familia, mis parientes y antepasados te hemos ofendido, a tu familia, parientes y antepasados en pensamientos, palabras, hechos y acciones desde el inicio de nuestra creación hasta el presente, nosotros pedimos tu perdón… humildemente pedimos tu perdón. Deja que esto limpie, purifique, libere, corte todas las memorias, bloqueos, energías y vibraciones negativas, y transmuta estas energías indeseables en pura LUZ… Así está hecho…"

LO SIENTO. PERDÓNAME. GRACIAS. TE

AMO.

Padre, limpia en mí todo aquello que contribuye a mi malestar físico y emocional.

LO SIENTO. PERDÓNAME. GRACIAS. TE AMO.

Padre, limpia en mí todo aquello que contribuye a mi falta de buena salud.

LO SIENTO. PERDÓNAME. GRACIAS. TE AMO.

Padre, limpia en mí todo aquello que contribuye a mis creencias limitantes.

LO SIENTO. PERDÓNAME. GRACIAS. TE AMO.

Padre, limpia en mí todo aquello que contribuye a mi sensación de malestar.

LO SIENTO. PERDÓNAME. GRACIAS. TE AMO.

Padre, limpia en mí todo aquello que contribuye a esta falsa apariencia de enfermedad.

LO SIENTO. PERDÓNAME. GRACIAS. TE AMO.

Padre, limpia en mí todo aquello que contribuye a esta falsa creación en mi cuerpo físico y mental.

LO SIENTO. PERDÓNAME. GRACIAS. TE AMO.

Padre, limpia en mí todo aquello que contribuye a los síntomas de dolor, carencia y limitación.

LO SIENTO. PERDÓNAME. GRACIAS. TE AMO.

Yo perdono todo lo que necesite mi perdón y me perdono a mí mismo por los errores cometidos y el daño causado, lo dejo ir, queda libre, quedo libre. ¡Gracias Padre porque así es!
YO sé que la única verdad de mi universo es salud, amor, abundancia, prosperidad, éxito y alegría. Yo doy las gracias al Divino Creador porque esto es así en mi vida, aquí, ahora y siempre.

A mitad de la oración, me dijo que no podía continuar, porque ella no perdonaba. Le pedí que escribiera qué es lo que no podía perdonar. Era un modo de hacer que ese dolor saliera. A veces se trata tan solo de sacarlo.

Dos días después, le dieron el alta. El diagnóstico fue mononucleosis. Tenía los ganglios del cuello hinchados y se sentía muy cansada. Según los médicos, podía pasar meses así.

Tengo un piso en São Paulo que había alquilado a una amiga. Ese mismo día, me dijo que se iba, lo que suponía una falta de ingresos importante para mí. Me daba la impresión de que había una nube gris encima de mi cabeza. Todo esto me estaba paralizando. Solo sabía que tenía que estar donde estaba en aquel momento.

Una amiga de mi madre, la Dra. Patricia, amiga y ángel, pensó que estaba demasiado delgada y pidió hora con un oncólogo. El martes fuimos a la visita y directamente la ingresaron en el Hospital Felício Rocho.

Días y días de pruebas. Una angustia que no le deseo a nadie. No saber qué está pasando, no poder tomar ningún medicamento para no enmascarar ningún síntoma.

Un día sudó tanto, que la bañé seis veces en una noche. Tenía la barriga tan hinchada que no le cerraba el camisón.

Ella, como excelente médica que es, sabía mejor que los médicos lo que estaba pasando. Cuando los enfermeros venían a sacarle sangre, ella preguntaba para qué prueba era y así sabía cuáles eran las sospechas.

"No es que la barriga esté hinchada, es el hígado que no está funcionando bien", decía.

Yo veía que la situación solo hacía que empeorar y me sentía muy sola. Mi padre estaba de vacaciones en casa de mi hermano en Canadá y empezó a buscar billete para venir ayudarme.

El día de la biopsia, recuerdo haber llamado llorando a mi hermano, desde el pasillo para pedirle que hablara con ella. Aquello era demasiado para mí.

Estaba leyendo el libro El sinsentido común, de Borja Vilaseca. En uno de los capítulos, habla de que no existen problemas, existen procesos. Eso me ayudó a tomar algo de perspectiva en relación a lo que estaba viviendo. Era un proceso, no era un problema.

¿Cómo quería yo vivir aquel proceso? Del modo más presente, lúcido, consciente, sin "victimizarme", con amor, estando bien para estar bien para ella.

Tengo una teoría, que llamo "la teoría del avión". Es como cuando estás en un avión y la azafata explica que, en caso de despresurización de la cabina, caerán las máscaras de oxígeno y, si hubiera alguien a tu lado que necesita ayuda, siempre tienes que colocar tu máscara primero. Es eso. Tienes que estar bien para poder ayudar.

En aquel contexto, yo no estaba bien en ningún

sentido. Necesitaba mentalizarme de que aquella sería mi realidad durante un tiempo. Quien ya ha hecho guardia en un hospital con alguien querido, sabe muy bien de qué estoy hablando. Quien ya ha pasado noches en un hospital sabe de qué estoy hablando. Quien ha dormido con su madre en el hospital sabe de qué estoy hablando.

Tus necesidades no son la prioridad, por lo tanto, si no les das prioridad, pronto serán dos personas enfermas. Empecé a levantarme a las 5h de la mañana, ya que la primera enfermera entraba a las 5:30h. Así, tenía media hora para mí, para hacer yoga, para ir al baño con calma, para tomar una ducha calentita y sin prisa.

Y cuando te cuidas, el Universo te recompensa.

Mi padre y mi madre se habían separado hacía muchos años, pero se habían convertido en mejores amigos últimamente. Él adelantó su vuelo y vino a ayudarme. Los amigos y amigas de mi madre también aparecían. Y también mis amigas y amigos, cercanos y lejanos. Amigas de la empresa Giovanni, una agencia para la que había trabajado casi hacía una década, me mandaron flores al hospital; mi amiga Leili y su marido Rodrigo venían a recoger mi ropa para lavarla. Había amigos y desconocidos que donaban sangre, y abrazos, y oídos, y hombros y tiempo… la red de la vida. No estaba sola. ¡Gratitud!

Mi billete para volver a Barcelona era para el día 31 de agosto. Tenía que entrar en España antes del día 23 de septiembre por un tema del visado. Llevaba casi tres años en Barcelona y, si no entraba respetando ese límite, perdía el derecho a solicitar el "arraigo social", un tipo de residencia.

Hablaba con el médico todos los días: "Dr.

Amândio, necesito irme, necesito entrar en el país, resolver unos asuntos de trabajo, pagar el alquiler. ¿Qué tiene mi madre? ¿Qué hago?".

Durante este tiempo, que he bautizado como "descubriendo la enfermedad", su respuesta siempre era la misma: "Vete, pero vuelve".

El día 29, me despedí, con angustia y una gran certeza: "Me voy, pero vuelvo".

Cogí un autobús a São Paulo, pasé el día solucionando temas de papeles de mi piso; tomé un café con Fernanda, una gran amiga que fue mi profesora de yoga; quedé con Waldirene, que trabajó muchos años en mi casa, y con su hija Larissa. Abrazos y cariño. Dormí en casa de Andréa, ella, Halph y Murilo me acogieron, igual que tres años antes, cuando eran dos y mi visado se retrasó.

Al día siguiente, había quedado para comer con Mel, otra amiga muy querida (¿qué sería de la vida sin los amigos?). Me iba a acompañar al aeropuerto. En el taxi, camino del restaurante, llamo al Dr. Amândio y esta vez su respuesta fue diferente: "No te vayas, quédate".

Hay momentos en la vida, en que parece que la Tierra deje de girar. Ese fue uno de ellos. Llegué al restaurante totalmente perdida. Justo cuando le estoy contando a Mel, mi padre me manda un vídeo. Es mi madre con pintalabios rojo, optimista, diciéndome: "Ingrid, estoy bien, no te preocupes, voy de camino a la UCI pero no porque haya empeorado sino solo por precaución. Ya he empezado el tratamiento y voy a mejorar, ¿vale? Un beso."

Razón y emoción. Me quedo. Ya son casi las 14h y no puedo cancelar el vuelo. Pierdo el billete. Compro un billete de autobús de vuelta a Belo Horizonte. Angustia por no saber qué está pasando.

Al día siguiente por la mañana, entro por primera vez en una UCI. Mi madre tenía los ojos cerrados, la enfermera me dijo que aún no había abierto los ojos, pero que estaba despierta. ¿Qué significaba eso? Creo que no quería ver dónde estaba.

Empecé a hablar en voz alta a su lado: "Mamá, mamá, abre los ojos, estoy aquí". Los abrió y empezó a llorar, diciendo que aquella noche había sido horrible. Había tenido una reacción alérgica a la transfusión de sangre y casi se muere.

Ahora estaba viva. Yo estaba a su lado. Eso es lo que importaba. En el aquí y ahora, todo está bien, siempre está bien.

Y de nuevo las personas en forma de ángeles a mi alrededor. Mi primo Breno me ofreció su casa para dormir; Jocelina, amiga y antigua compañera de facultad de mi madre, vino para estar cerca de ella.

Cinco días de angustia, aún sin resultado de la biopsia, y pudiendo entrar en la UCI solo dos veces al día. Recuerdo a mi madrina Stela mirándome a los ojos y preguntando: "Cómo estás?". No lo sabía verbalizar.

Al volver a la habitación del hospital, entra la Dra. Hilda con el resultado. Mi madre, mi padre, yo y las palabras: linfoma no Hodgkin de células B. Cáncer. Quimioterapia. Hay tratamiento, ocho sesiones, empezaremos lo más rápido posible.

Nuestras miradas se cruzaron, nadie pareció sorprendido. Ahora sí sabía cómo estaba: triste, impotente. Sabía que dos amigos de mi madre con el mismo diagnóstico estaban bien. Y a eso me aferraba.

Mi madre quería aferrarse a controlar la situación de algún modo. Recuerdo que un día estaban dando la telenovela Carita de ángel y yo le dije que, si un día se moría, quería que fuera igual que en la tele, quería que se me apareciera en sueños.

Le dije que un grupo de personas estaban rezando por ella en aquel momento y le pedí que me diera la mano, para que pudiéramos conectar. Le dije que podía pedir cualquier cosa. ¿Sabes qué pidió? El mando de la televisión, quería volver a ver la telenovela.

El primer día de quimioterapia, aunque mi madre no era muy espiritual, nos pidió que saliéramos del cuarto. Mi padre y yo nos quedamos en la puerta, mientras ella hablaba con Bezerra de Menezes, un médico metido en doctrinas espiritistas, y le pidió que no la abandonara.

Los días iban pasando y ella se iba recuperando. Se le iba cayendo el pelo, pero las manos angelicales de Lourdinha, peluquera y amiga de toda la vida, le dieron el toque de ligereza y encanto a ese momento.

Compré el billete de vuelta a Barcelona, pero esta vez no le dije cuándo me iba. Nuestro inconsciente es muy poderoso. Creo que no fue coincidencia que empeorara justo el día en que me iba.

Esta vez le dije que un día me despertaría y le diría "Me voy, pero vuelvo". Y así fue. Algunas amigas —creo que jamás tendré palabras suficientes para agradecérselo— ya se estaban turnando en el hospital. La mañana del día 20, me fui, nos despedimos sin drama y ella me miraba como si no creyera que fuera en serio.

Días después, se fue a casa de la tía Danda, la mejor tía del mundo. Hablábamos a diario.

Un día cualquiera, me envía una foto suya con mi hermano haciendo una pose y me escribe: "Estamos haciendo yoga". Así, ocho años después de su ruptura, los dos juntos. Hacía mucho tiempo que no veía a mi madre tan feliz.

Me sentí traicionada por no saber nada de ese encuentro. Yo que durante tanto tiempo había intentado que sucediera. En una sesión de terapia dije: "Dejo mi papel de salvadora", y Claudia responde sin sutileza: "No lo dejas tú, te han echado". Fue liberador.

La certeza de que las cosas pasan cuando tienen que pasar… No sirve de nada forzarlas. Nadie tiene que salvar a nadie, ni ser víctima, ni verdugo de ninguna relación.

Debemos ser responsables de nuestras vidas.

Y eso hice. Lancé el libro Prazer em me Conhecer, entré en Tinder y empecé a quedar con gente, inicié el trámite de renovación de mi visado.

Mi madre cumplió 69 años y su secretaria le organizó una fiesta sorpresa. Estaba en casa rodeada de amigos, amores y familia.

Ese día me contó que mi prima Sandra estaba embarazada, me lo contó como un secreto, nuestra complicidad había vuelto. ¿Sabes aquellas miradas en las que sobran las palabras?

A la semana siguiente, empeoró; a la otra, volvió al hospital.

Y yo aquí buscando una abogada de oficio para encontrar una brecha que me permitiese salir del país antes de que mi nuevo visado fuera aprobado. Fingí renovarlo como estudiante, mientras seguía el proceso para conseguir el "arraigo social"; envié un sobre vacío solo para conseguir un sello que me permitiese tener un papel que me autorizara a volver a entrar en España. Lo conseguí.

Llamé a la compañía aérea llorando para pedirles que me adelantaran el vuelo diez días y prácticamente no me cobraron nada, cuando les conté mi situación.

Hice la maleta con un vacío en el pecho. No sabía

nada. ¿Qué ropa me llevo? ¿Cuánto tiempo me voy a quedar? ¿Voy a seguir con mi novio? ¿Y mi trabajo? ¿Y si se muere?

Cargando todos mis miedos, me subí al avión y me fui.

3.3 Luz y amor

Fui directa al hospital. Yo quería un abrazo y ella me mandó que me lavara las manos que debían estar sucias del viaje.

Mi madre no estaba respondiendo bien a la quimioterapia y necesitaba reponer fuerzas para afrontar una nueva sesión.

Como le gusta decir a mi padre, el cáncer es como un bichito malo y la quimioterapia son los soldaditos que vienen a defenderte. Lo que pasa es que a veces no saben cuáles son los bichitos buenos y los malos de nuestro cuerpo y lo acaban atacando todo.

En tiempos difíciles, el humor te puede salvar el día. Y saber que nuestro tiempo aquí es limitado, también. Palabras de mi madre:

– Hija, pídele a tu hermano que venga, estuve ocho años sin hablar con él y ahora no me quedan otros ocho años más.

Y vino.

Abro paréntesis:

Tenemos un piso amueblado en Belo Horizonte,

que queda a unos diez minutos del hospital. Unos diez días antes, el inquilino nos dijo que se iba. En aquel momento, nos pareció una mala noticia.

Fabienne Fredrickson, escritora, *coach* y empresaria, tiene una frase que me gusta mucho: "En este momento, el Universo se está reorganizando en mi beneficio". Esta frase es como un mantra para mí cuando estoy en situaciones de estrés.

La casa de mi madre está en Betim, a 30 km de la capital; mi padre vive en Congonhas, a 80 km; yo, en Barcelona, a 8.301 km; mi hermano, en Canadá, a 7.934 km. De repente estábamos todos juntos y con un apartamento como punto de apoyo, a unos diez minutos del hospital.

Los milagros suceden todos los días.

Cierro paréntesis.

Mi padre, mi hermano y yo acordamos turnarnos cada ocho horas y así conseguíamos descansar un poco.

Y los ángeles en forma de gente seguían acompañándonos, desde enfermeros a médicos, amigos, familia, conocidos y desconocido que vivían con nosotros aquellos días, aquellas noches y madrugadas en que la vida parece reducirse a una habitación de hospital.

A veces me evaporaba mirando vidas en *Instagram* y seguía a Elizabeth Gilbert, que parece haber vivido varias vidas en una, veía cómo acompañaba a su novia que sufría un cáncer. Y veía a la gente de vacaciones posando, veía a bebés que nacían, platos de comida bonitos.

Me iba, pero volvía al aquí y ahora.

Era jueves por la noche y mi madre estaba recibiendo una transfusión de plaquetas. De repente empezó a temblar, parecía tener frío. Me pidió la manta y me echó la bronca porque le di la que estaba sucia, quería la suya y empezó a temblar mucho, parecían convulsiones.

Era casi medianoche, salí al pasillo llamando desesperadamente a un médico. Mi madre estaba teniendo una reacción alérgica. Entran la doctora y las enfermeras, y nos dicen que tiene que tomar morfina, que hasta ahora no lo había hecho. Tuvieron que cogerla "a escondidas" de un enfermo de la habitación de al lado.

Se acelera el corazón. El suyo, el mío. Empieza a vomitar. En un estado de hiperconsciencia, corrige a la doctora y le dice la cantidad de morfina que necesita tomar, teniendo en cuenta la frecuencia cardíaca.

Yo estoy allí, impotente, y quiero que ella sepa que estoy allí. Me pongo cerca de su cara y repito: "Estoy aquí, mamá, estoy aquí, mamá". Y ella me dice: "Llama a tu hermano, no vas a poder con esto tú sola".

En diez minutos él estaba allí.

La doctora dijo que el ritmo cardíaco tenía que disminuir y que había que monitorizarla. Estábamos exhaustos.

Les pregunté si podía poner una canción y ambos estuvieron de acuerdo. Me acordé de unos mantras del grupo Awaken Love Band, en que las canciones suenan a 432Hz, la frecuencia del latido del corazón.

Mi hermano y yo nos turnábamos para estar despiertos. Y allí, despiertos, lloramos.

Pasaron los días. Era Nochebuena y el optimismo llamaba a la puerta. Compramos un panettone para regalar a los trabajadores del hospital, nuestra esperanza estaba renovada. Vera, quien trabajó cuidándonos en casa y había vivido con nosotros durante catorce años, estaba en el hospital. Todo parecía estar un poco mejor, pero no era así. Nos dijeron que mi madre tenía que volver a la UCI.

Yo tenía que firmar unos papeles para que pudiera entrar en la UCI y tenía que autorizar, entre otras cosas, que la entubasen si fuera preciso. Toda la vida nos había dicho que no quería que la entubasen. La miré a los ojos y le pregunté: "Mamá, ¿qué quieres que haga?" Su respuesta fue: "Haz todo lo que sea posible".

Días después la entubaron, pero recuperó la consciencia.

Si mi vida fuera un libro, en aquel momento se hubiera llamado "A la espera de un milagro".

En la UCI, nos dijo que no quería vivir aquello y que sabía cómo acabar con todo aquello. Alerta roja. Los médicos entendieron el mensaje y vieron que no podía quedarse sola ni un segundo. Entonces nos turnamos en la UCI.

Una noche, despierta a su lado, lloré en silencio para no despertarla ni a ella ni a los vecinos. Lloré mucho, pidiendo luz para aquel momento. Se despertó y se puso contenta porque yo estaba allí. Me preguntó: "Tienes la cara hinchada, ¿qué pasa?". Yo respondí: "Te voy a echar de menos". Y ella: "No te preocupes, aún te voy a dar mucho trabajo". Esbocé una sonrisa y salí a llorar.

El equipo de paliativos ya nos estaba preparando. ¿Sabes lo que eso significa en la práctica? ¿Entre pensar que tu madre se muere y lidiar con todo lo que eso implica emocionalmente? Hay todo un mundo paralelo de acciones y de decisiones que se toman entre bastidores cuando no estás escondiendo el llanto o esbozando una sonrisa en el hospital, o mirándola y tocándola intensamente porque, entre que vas al baño y vuelves, puede que ya no esté allí.

Entre las experiencias más extrañas de todo este proceso, me sugirieron que fuera a pedir presupuesto de un ataúd. Como la muerte era inminente, algunas personas me aconsejaron tomar las decisiones burocráticas con anticipación. Así que fui a hacer lo que había que hacer. Pasé dos veces por delante de la funeraria, pero no entré. La tercera vez el diálogo fue más o menos así:

Yo: Hola, vengo a pedir un presupuesto.

El chico: ¿La persona ya falleció o está viva?

Yo: Es mi madre. Está viva.

El chico: Acompáñame, por favor.

Entonces abre una puerta y hay un montón de ataúdes de todos los tamaños, algunos con escudos de equipos de fútbol.

El chico: Debes decidir cuánto te quieres gastar, el tipo de ornamentación, si vas a querer embalsamar el cuerpo.

Yo: Oye, me vas a perdonar, pero no estoy preparada para esto. Vuelvo otro día.

Al día siguiente, volví con mi hermano, y había una chica en la recepción. Escogimos un ataúd y nos dijo:

Chica: Ahora, sobre la ropa, podéis usar la que tenemos aquí o escoger otra. Es importante decidirlo antes porque, cuando muera, ya no te tienes que preocupar de esto; imagínate que muere de madrugada, por ejemplo, y tenéis que ir a buscar la ropa, traerla aquí… Es importante que sea una ropa que represente cómo es viva. Si tiene mucho pecho, es mejor ponerle sostén. Yo, por ejemplo, tengo el pecho grande y cuando me tumbo, se cae hacia los lados. Imagínate qué horror, yo muerta, la gente mirando y yo con el pecho caído. Quiero estar guapa.

Mi hermano me miró y me dijo: "Esta tarea es tuya".

La muerte ya estaba rondando, pero mi madre parecía no querer que la visitara. Un día me dijo que cuando se fuera, teníamos que ir a celebrarlo al Restaurante Porcão, de la Av. Raja Gabaglia, y también haciendo un crucero.

Abro paréntesis:

Creo que se acordaba del crucero que hicimos en Fernando de Noronha. Fue maravilloso. Es más, es uno de los mejores recuerdos que tengo con ella. Muchos de esos recuerdos son viajes, Punta del Este, Argentina, Chile, Curitiba, Tiradentes, Río de Janeiro, João Pessoa, Indaiatuba...

Viaja con tus padres. Nuestros momentos más maravillosos juntos fueron durante los viajes.

Cierro paréntesis.

Estudiando el sufrimiento humano, existe el modelo de Kubler-Ross, según el cual hay cinco fases: negación, rabia, negociación, depresión y aceptación. No todo el mundo pasa por todas las fases, y tampoco son lineales.

Y yo pensando en el sostén que mi madre llevaría en el ataúd, y si iría de conjunto con las bragas. Ella pensando en el crucero que haríamos. No tengo ni idea de en qué fase estábamos, pero definitivamente ninguna de las dos estaba bien.

Al día siguiente, mi tía Danda, que era la única persona que mi madre quería ver, además de nosotros tres, estaba en la UCI y me llama: "Dindinha (soy la madrina de su hijo), ven, la doctora pasó por aquí y dijo que vengáis con urgencia."

Con el corazón en un puño, llegamos. Ya no la estaban medicando, ya no había justificación para que estuviera en la UCI.

Le preguntaron cómo quería que fuera el proceso y respondió: "No quiero sufrir".

Se giró hacia mí y me dijo: "Vi cuando me hicieron la biopsia del pulmón, y lo que salió no era agua".

Su respiración ya estaba muy débil. El linfoma se estaba apoderando de todo el cuerpo.

Pero ella quería vivir. Cuando vinieron las enfermeras a quitarle las vías me preguntó: "Hija, pero ¿cómo me van a dar los medicamentos? Quiero hablar con un médico. Llama a un médico". Lo llamé y dijo: "No hay programada ninguna medicación más por el momento".

Me miró, nuestra última mirada de complicidad, y la sedaron.

Habitación 108. La enfermera nos dijo que probablemente moriría aquella noche. Mi padre empezó a llorar, creo que no fue consciente hasta ese momento.

Mi billete era para el domingo. Era viernes y dije: "Necesito cambiar el billete". ¿Negación? ¿Frialdad? ¿Inteligencia emocional? ¿Sentido práctico?

No quería estar viviendo nada de aquello. Y al mismo tiempo quería estar 100% presente.

La enfermera nos pidió que habláramos de esas cosas lejos de ella. Cuando alguien se está muriendo, el oído es el último sentido que se pierde.

Mi padre, mi hermano y yo nos quedamos toda la noche. Creo que fue la noche más larga de mi vida, allí, esperando a que muriera mi madre.

Pero no murió. Quería vivir. De repente, cuando parecía estar en el sueño más profundo, subía el brazo. Ella sabía que levantar los brazos oxigena el cerebro.

Es triste, es frustrante, sientes mucha impotencia.

Literalmente, estás esperando a que llegue la muerte. Llega a ser ridículo.

Al día siguiente, los tres nos miramos y como no había muerto, volvimos a los turnos. Necesitábamos dormir, comer, seguir viviendo.

Mi padre se quedó con ella toda la noche y cuando llegué por la mañana, lloraba como nunca lo había visto. Estaba desconsolado. Le sugerí que se fuera a Congonhas, a darse un baño, a descansar, a estar con su esposa, que fue maravillosa durante todo este proceso.

Por la tarde, mientras mi hermano estaba en el hospital, fui al bar de enfrente a encontrarme con unas buenas amigas. Una de ellas había estado presente durante los últimos momentos de su padre y comentó que, cuando la persona está a punto de morir, le cae un líquido de la boca.

Me quedé con esa imagen en la cabeza y volví. Mi hermano me dijo: "Voy allí y vuelvo". Creí que se refería a la enfermería, pero no. Cuando quise darme cuenta, había vuelto a nuestro apartamento.

Estábamos solo las dos. Ya no había ninguna conversación pendiente. Yo estaba sentada a su lado y le puse un vídeo de mis sobrinos tocando *Let it be* en la guitarra. Se puso tan contenta la primera vez que vio aquel vídeo y hacía tanto tiempo que no veía a sus nietos.

Empezó a salir un líquido de su boca. Llamé a los enfermeros, que me ayudaron a ponerla de lado.

Quería escuchar su voz, así que me puse algunos audios que me había mandado. Y pasándole la mano por la cabeza, repetía: "Lo siento, perdóname, te amo, gracias".

Entonces me senté en el sofá, miré la hora, las 3:10h

de la madrugada y ella da su último suspiro. Serena, bonita.

"Viví como quise, morí feliz". Es la frase que siempre quiso que pusiéramos en su estampa de funeral.

El velatorio parecía una película infinita. Había personas de todas las fases de mi vida. Desde un mensaje a una oración. La amiga que cogió un avión para estar allí; el exnovio que apareció después de trece años sin vernos; las amigas del colegio; el amigo del posgrado; el amigo del trabajo que me dio la mano; la amiga que trajo un pastel; las amigas de la infancia; las primas que mandaron flores; los amigos del cine que me mostraron el plástico dorado, pero demostraron que la amistad verdadera es oro; los pacientes de mi madre; sus amigos de tantas Navidades, comidas de domingo, viajes, que fueron familia; mi familia de sangre; mis amores, todos mis yos, del pasado y del presente, todos estaban allí.

Sentí tanto amor. Ella repartió tanto amor.

El vestido que escogí fue el que ella se puso para su último cumpleaños, cuando se sentía viva y guapa, cuando se ponía pintalabios y perfume. Un intento de mantener su esencia en la Tierra un poco más de tiempo.

Si el mundo es un espejo, la muerte de mi madre se llevaba una parte de mí que nunca más sería reflejada. Al mismo tiempo, nacía una nueva versión, un yo totalmente desconocido.

Mi madre murió un lunes. El jueves estábamos mi hermano y yo en su piso separando lo que íbamos a donar, mantener... Se hizo de noche, yo iba por el pasillo volviendo de la cocina y, de repente, mi cajita de música empieza a sonar sola en mi cuarto.

Me giro hacia mi hermano que está en el salón y le pregunto: "¿Qué broma sin gracia es esta?" Él, con el móvil en la mano, me mira con cara de quien no entiende nada. Yo: "¿Estás oyendo la música?" Él: "Sí".

Empiezo a llorar y vamos los dos hacia el cuarto. La cajita de música está cerrada, pero suena. Vamos a dormir a la habitación de mi madre dándonos la mano.

Por la noche sueño que ella está en su cama y abre los ojos. Está igual que en el vídeo que me envió mi padre cuando la ingresaron en la UCI por primera vez y llevaba pintalabios rojo… Ella: "Ingrid, ¿dónde estoy?" Yo: "Estás en casa, mamá, en tu cuarto". Ella empieza a llorar y dice: "Si vine a casa, fue para morir en casa".

Y me despierto.

Días después hicimos nuestro último viaje juntas.

Deseaba que tiráramos sus cenizas en el Mar de Pajuçara, en Maceió. Y así fue, como ella misma decía, cerrando un ciclo, familia, amigos y amigas de varias generaciones estaban allí para despedirse.

Con un atardecer precioso y con la certeza de que cada vez que mire al mar, ella estará allí.

Como dice la doctora y escritora Ana Claudia Arantes, la muerte es un puente hacia una vida con sentido.

Sé que estoy viva. Sé que tengo sueños. Sé que creo en el amor. Y él está aquí y ahora, en la ausencia de búsqueda.

Subí al avión y volví a Barcelona, sin saber qué me esperaba al otro lado, pero estaba dispuesta a aprender cada día a ser yo y a amar.

AGRADECIMIENTOS

Me llevó cuatro años escribir este libro. Para estas últimas páginas, estuve en un hotel de Roses, en la Costa Brava, donde el mar era mi paisaje diario y la lluvia me ayudaba a limpiar el alma.

Agradezco de corazón a todas las personas que me han acompañado, que han cuidado de mí y me han querido. Sabéis quiénes sois y tengo mucha suerte de que estéis en mi vida.

¡Gracias, Universo!

¡¡¡Espero verte, por aquí y por el mundo!!!

Ingrid Vieira
21/09/2019

www.ingramcontent.com/pod-product-compliance
Lightning Source LLC
Chambersburg PA
CBHW050534160726

48003CB00002B/586